AF619828

Fascicule XXI

MÉMOIRES ET TRAVAUX
PUBLIÉS PAR DES PROFESSEURS
DES FACULTÉS CATHOLIQUES DE LILLE

LA MÉTHODE D'INFLUENCE DE SAINT FRANÇOIS DE SALES

SON APOLOGÉTIQUE CONQUÉRANTE

PAR

EDOUARD THAMIRY

DOCTEUR EN THÉOLOGIE, DOCTEUR ÈS-LETTRES
CHANOINE HONORAIRE DE CAMBRAI
DOYEN DE LA FACULTÉ DE THÉOLOGIE DE LILLE

FACULTÉS CATHOLIQUES
DE LILLE
60, Boulevard Vauban

GABRIEL BEAUCHESNE
117, Rue de Rennes
PARIS

1922

MÉMOIRES ET TRAVAUX

DES FACULTÉS CATHOLIQUES DE LILLE

Fasc. I. — E. Lesne : **La hiérarchie épiscopale**, *provinces, métropolitains, primats en Gaule et Germanie* depuis la réforme de saint Boniface jusqu'à la mort d'Hincmar (742-882), xv-350 p. — 1905 ... 9 »

Fasc. II. — A. Delplanque : **Saint François de Sales**, *humaniste et écrivain latin*, xii-176 p. — 1907 ... 9 »

Fasc. III. — H. Dehove : **Essai critique sur le Réalisme thomiste**, *comparé à l'Idéalisme kantien*, xi-235 p. — 1907 ... 9 »

Fasc. IV. — A. Delplanque : **Fénelon et la doctrine de l'amour pur**, *d'après sa correspondance avec ses principaux amis*, xxvi-470 p. — 1907. 15 »

Fasc. V. — A. Delplanque : **Contribution à une édition critique de la correspondance de Fénelon** *et Lettres et documents inédits*, 162 p. — 1907 ... 6 »

Fasc. VI. — E. Lesne : **Histoire de la propriété ecclésiastique en France**, t. Ier, *époques romaine et mérovingienne*, ii-496 p. — 1910 ... 15 »

Fasc. VII. — E. Lesne : **L'origine des menses** *dans le temporel des églises et des monastères de France au IXe siècle*, ii-165 p. — 1910 ... 6 »

Fasc. VIII. — G. Delépine : **Recherches sur le calcaire carbonifère de la Belgique**, 419 p. — 1911 ... *Epuisé*

Fasc. IX. — J. Peter : **L'Abbaye de Liessies**, *en Hainaut, depuis ses origines jusqu'après la réforme de Louis de Blois* (764-1566), xxiv-429 p. — 1912 ... 12 »

Fasc. X. — G. Duriez : **Les Apocryphes** *dans le drame religieux en Allemagne au Moyen-Age*, 112 p. — 1914 ... 5 »

Fasc. XI. — G. Duriez : **La Théologie** *dans le drame religieux en Allemagne au Moyen-Age*, 646 p. — 1914 ... 22 »

Fasc. XII. — P. Viard : **Histoire de la Dime ecclésiastique en France au XVIe siècle**, 176 p. — 1914 ... 6 »

Fasc. XIII. — P. Viard : **L'Administration préfectorale dans le département de la Cote-d'Or sous le Consulat et le Premier Empire**, 390 p. — 1914 ... 22 »

Fasc. XIV. — G. Tournoux : **Notes sur le Texte de Novalis** (*Heinrich von Ofterdingen — Die Lehrlinge zu Sais — Die Christenheit oder Europa*), ix-46 p. — 1914 ... 6 50

Fasc. XV. — A. Leman : **Recueil des Instructions générales aux nonces ordinaires de France de 1624 à 1634**, iv-219 p. — 1920 ... 10 »

Fasc. XVI. — A. Leman : **Urbain VIII et la rivalité de la France et de la maison d'Autriche de 1631 à 1635**, xx-622 p. — 1920 26 »

Fasc. XVII. — G. Tournoux : **La langue de Novalis** *dans Henri d'Ofterdingen, les Disciples à Sais et l'Essai sur la chrétienté*, xxxvi-431 p. — 1920 ... 25 »

Fasc. XVIII. — G. Tournoux : **Les mots étrangers dans l'œuvre poétique de Henri Heine**, 130 p. — 1920 ... 8 »

Fasc. XIX. — E. Lesne : **Histoire de la propriété ecclésiastique en France**, t. II : La propriété ecclésiastique et les droits régaliens à l'époque carolingienne, fasc. 1 : *Les étapes de la sécularisation des biens d'église du VIIIe au Xe siècle*, xii-294 p. — 1922 ... 20 »

Fasc. XX. — E. Thamiry : **De l'influence** : *étude psychologique, métaphysique, pédagogique*, 368 p. — 1922 ... 16 »

Fasc. XXI. — E. Thamiry : **La méthode d'influence de saint François de Sales** : *son apologétique conquérante*, 150 p. — 1922 ... 6 »

LA MÉTHODE D'INFLUENCE DE SAINT FRANÇOIS DE SALES

SON APOLOGÉTIQUE CONQUÉRANTE

NIL OBSTAT :
Insulis, die 24 Aprilis 1921.
Edm. VANSTENBERGHE,
librorum censor.

IMPRIMATUR :
Insulis, die 26 Aprilis 1921.
† Hector RAPHAEL, s. t. d.,
Episcopus insulensis.

Fascicule XXI

MÉMOIRES ET TRAVAUX
PUBLIÉS PAR DES PROFESSEURS
DES FACULTÉS CATHOLIQUES DE LILLE

LA MÉTHODE D'INFLUENCE DE SAINT FRANÇOIS DE SALES

SON APOLOGÉTIQUE CONQUÉRANTE

PAR

EDOUARD THAMIRY

DOCTEUR EN THÉOLOGIE, DOCTEUR ÈS-LETTRES
CHANOINE HONORAIRE DE CAMBRAI
DOYEN DE LA FACULTÉ DE THÉOLOGIE DE LILLE

FACULTÉS CATHOLIQUES
DE LILLE
60, Boulevard Vauban

GABRIEL BEAUCHESNE
117, Rue de Rennes
PARIS

1922

DU MÊME AUTEUR

De Rationibus seminalibus et Immanentia,

in-8°, 300 p., Lille, MOREL, 1905........................ **6 fr.**

Les deux Aspects de l'Immanence et le Problème religieux,

2e édit., in-16, 308 p., Paris, BLOUD, 1908............... *épuisé.*

De l'Influence : *Etude psychologique, métaphysique, pédagogique,*

in-8°, 368 p., Paris, BEAUCHESNE, 1922.................. **16 fr.**

AUTEURS ET OUVRAGES CITÉS

SAINT FRANÇOIS DE SALES, édition complète d'après les autographes et les éditions originales, enrichie de nombreuses pièces inédites, publiée par les soins des religieuses de la Visitation du premier monastère d'Annecy. — Annecy, J. Nierat, — commencée en 1892, dirigée jusqu'au XIIe volume inclusivement par DOM B. MACKEY, O. S. B. ; — continuée à partir du XIIIe volume par J. J. Navatel, S. J. — Toutes les références au « *Traité de l'amour de Dieu* » sont empruntées aux volumes IV et V de cette édition.

ARISTOTE, *Métaphysique*, édit. Firmin-Didot, Paris, t. II.

SAINT AUGUSTIN, *Confessionum libri XIII*, édit. Migne. Paris, 1844-1864, P. L. t. XXXII.

CARDINAL BILLOT, *De Virtutibus infusis*, Rome, imprimerie Saint-Joseph, 1905.

M. BLONDEL, *L'Action*, Paris, 1895.

BOSSUET, *Sermon pour la fête de l'Annonciation*, édit. Lebarcq, Paris 1890, t. III.

H. BREMOND, *Histoire littéraire du sentiment religieux en France depuis la fin des guerres de Religion, jusqu'à nos jours* ; t. I *L'humanisme dévot*, et t. II *L'invasion mystique*, Paris 1916.

J.-P. CAMUS, *L'esprit du b. François de Sales*, dans les *Œuvres complètes de Saint François de Sales*, t. I, 6e édition, Paris 1884.

MGR J.-A. CHOLLET, *La notion d'ordre*, Paris 1895.

A. DELPLANQUE, *Saint François de Sales humaniste et écrivain latin*, Lille 1907.

DENZIGER-BANNWART, *Enchiridion*, Fribourg-en-Brisgau, 1908.

FRANÇOIS DE SYLVESTRE ; *In libros sancti Thomae de Aquino contra Gentiles commentaria*, Lyon 1567.

H. HURTER, *Theologia dogmatica*, Inspruch 1893.

Dom Jean de saint François, *La Vie du bien-heureus Mre François de Sales...*, réimpression très exacte de l'édition princeps de 1624, — dans les *Œuvres complètes de saint François de Sales*, 6e édition, Paris, 1884.

La Bruyère, *Les Caractères*, édit. Servois, Paris 1881.

L. Petit de Julleville, *Histoire de la Langue et de la Littérature française*, Paris 1897.

S. S. Pie X, Encyclique *Pascendi dominici gregis*, 8 septembre 1907.

Platon, *Le Banquet*, édit. Firmin-Didot, Paris 1846, t. I ; *La République*, *ibid.*, t. II.

P. Rousselot, *L'intellectualisme de saint Thomas*, Paris 1908.

Sainte-Beuve, *Port-Royal*, Paris 1867.

M. J. Scheeben, Handbuch der catholischen Dogmatick, Fribourg-en-Brisgau, 1878.

F. Strowski, *Saint François de Sales, Introduction à l'histoire du sentiment religieux en France au XVIIe siècle*, Paris 1898.

Tertullien, *Apologie*, édit. Migne, P. L., t. I.

Saint Thomas, *Summa theologica*, édit. de Parme, 1852, t. I-IV ; *Summa contra Gentiles*, *ibid.*, t. V ; *Commentarii in IV libros Sententiarum*, *ibid.*, t. VI et VII.

PRÉFACE

SOMMAIRE. — § I. Le Traité de l'Amour de Dieu dans l'ensemble des œuvres de Saint François de Sales. — § II. L'objet du présent travail. — Division.

« Quand une lecture vous élève l'esprit et qu'elle vous inspire des sentiments nobles et courageux, ne cherchez pas une autre règle pour juger de l'ouvrage : il est bon et fait de main d'ouvrier » (1). On se surprend à répéter ces paroles en quittant la lecture du *Traité de l'Amour de Dieu.* Nul ouvrage n'a mieux mérité l'éloge qu'elles expriment. Par ailleurs, ce livre, le dernier en date de saint François de Sales (1616), est aussi le plus parfait qu'il ait écrit : il y est maître de sa pensée comme de son style.

* * *

§ I. — *Le Traité de l'Amour de Dieu dans l'ensemble des œuvres de saint François de Sales.*

Lorsqu'il nous raconte « la *Vie de la sainte Charité* » (2), n'est-ce pas son âme qu'il nous révèle en une histoire qu'il a d'abord vécue lui-même ? — En cela cependant il ne cherche pas un simple plaisir d'écrivain : il vise un but pratique.

---

(1) Cf. LA BRUYÈRE, *Les Caractères*, ch. I, *Des ouvrages de l'esprit*, édit. Servois, p. 12, Paris, 1881.

(2) Cf. *Œuvres de saint François de Sales*, édit. Dom Mackey, t. IV, Introd., p. IX, Annecy, 1894. Toutes nos références, tirées du *Traité de l'Amour de Dieu*, sont faites d'après cette édition.

Après avoir gravi les plus hautes cîmes de l'amour divin, il souhaite d'y mener son « amy lecteur », afin de le rendre riche en la sainte dilection. De là, ce courant de chaude sympathie qui circule à travers son œuvre et contre laquelle personne ne se défend. Il en enveloppe son disciple et le tient sous le charme à force de condescendance et de bonne grâce.

L'expérience a éclairé son zèle et lui a appris que « qui prêche avec amour, prêche assez contre l'hérétique quoiqu'il ne dise un seul mot de dispute contre lui » (1). Cette remarque nous livre le secret de son étonnante puissance de persuasion. Fi de la controverse désormais ! car rien ne vaut à son avis une limpide exposition de la doctrine de l'*Amour de Dieu.* L'analyse psychologique ne lui a-t-elle pas découvert l'irrésistible attrait, qu'exerce sur l'âme la seule pensée de son Créateur : « Si tost que l'homme pense un peu attentivement a la Divinité, il sent une certaine douce esmotion de cœur, qui tesmoigne que Dieu est Dieu du cœur humain » (2). Aussi, retenir notre esprit en la considération de la souveraine Bonté afin de le rapprocher d'elle, constituera toute son entreprise.

Il la poursuit avec une science philosophique et théologique, dont l'étendue, la solidité et la sûreté l'ont fait appeler à juste titre « le Docteur de la dévotion » (3). — « Les intuitions de la sainteté s'unissant chez lui aux intuitions du génie, il explore comme en se jouant les profondeurs du cœur de l'homme et les profondeurs du cœur de Dieu, il sonde ces deux *abîmes*, qui *s'appellent* et se répondent

(1) Cf. J. P. Camus, *Esprit du b. François de Sales*, Partie dix-huitième, Sect. XXIX, — *Œuvres complètes de saint François de Sales*, 6e édit., t. I, p. 632, Paris 1884.

(2) *Traitté*, liv. I, ch. 15, — t. IV, p. 74.

(3) Cf. Tournemine, cité par Dom Mackey, t. I, Introd. Générale, p. LVIII.

mutuellement, et le lecteur émerveillé s'étonne de marcher si facilement à sa suite dans ces mystérieuses régions » (1). C'est que, si par la pénétration avec laquelle il découvre les avances que l'amour divin fait à l'homme, « il marche de pair avec les sommités du mysticisme » (2), — par la précision avec laquelle « il indique à tous les chrétiens un chemin de perfection sûr, facile et doux » (3), saint François atteint en même temps « les dernières limites de l'*ascétisme* » (4).

En son *Traité de l'Amour de Dieu*, il se donne en effet pour tâche de nous faire connaître le *principe intérieur*, l'*enchaînement nécessaire* et le *terme* des opérations que la sainte Charité requiert de l'âme, qui veut atteindre la perfection à laquelle elle se sent destinée. — Il trace de la sorte l'itinéraire d'une ascension vers Dieu. Or, il entend bien inviter à le suivre non seulement les âmes « avancees en la dévotion » (5), mais aussi les « gens du monde » et les « hommes de cour » (6). Il s'adresse à tous, parce qu'il espère pratiquer en cela une MÉTHODE D'INFLUENCE, qui aura prise sur tous. Elle sera donc l'objet de son grand souci de convertisseur : pour la perfectionner aucun travail ne lui coûtera.

De fait, le *Traité* fut son œuvre de prédilection, une œuvre de chevet, à laquelle il revient toujours :

---

(1) *Cf.* Dom MACKEY, t. IV, *Introduction*, p. XXXIV et XXXV. — Ces paroles de l'éditeur dans *Œuvres de saint François de Sales* précisent avec une exactitude parfaite la position des problèmes que nous allons examiner, — Il faut les rapprocher de l'épigraphe du tome Ier des *Œuvres complètes* du CARDINAL DECHAMPS, auquel se réfèrent comme à un de leurs précurseurs les partisans d'une « philosophie de l'action » : « Il n'y a que deux faits à vérifier : l'un en vous, l'autre hors de vous ; ils se recherchent pour s'embrasser, et de tous deux le témoin c'est vous-même ».

(2) Paroles du card. PAROCCHI, citées par DOM MACKEY, t. IV, *Introd.*, p. XXVII.

(3) *Bref du Doctorat*, cité par Dom Mackey, t. Ier, Introd. gén., p. LXVI.

(4) Card. PAROCCHI, *loc. cit.*

(5) *Traitté*, Préf., — t. IV, p. 20.

(6) *Ibid.*, t. IV, Introd., p. XXXV

« Quand je puis avoir quelque quart d'heure de relay », écrit-il à Mme de Chantal (1). Et il ajoute que la rédaction de cet ouvrage est pour lui un moyen de repos. « C'est pour me recreer, et filer, aussi bien que vous, ma quenouille » (2).

Afin d'agrémenter ses explications, abstraites parfois, il amasse les comparaisons empruntées aux histoires profanes et naturelles, car, dit-il, « elles ont une efficace incroyable a bien esclairer l'entendement et a esmouvoir la volonté » (3). Il excelle d'ailleurs à les utiliser pour retenir l'attention de son lecteur. Vraiment, il a « le don de l'allégorie parlante » (4), et elle parle sous sa plume avec une aisance qui captive, avec une pointe de bonhomie qui fait sourire parfois mais qui attache toujours.

Et puis quelle souplessé ! quelle abondance ! quelle saveur de style ! Il met en lumière avec un rare bonheur les nuances d'une pensée extrêmement riche. Tout y coule de source, tout y est d'un naturel parfait : ce n'est pas un auteur qui expose une thèse, c'est un homme qui livre à ses amis les plus intimes mouvements de son âme. Il prétend dire « simplement et naifvement, sans art et encor plus sans fard » (5) ; mais il n'en est pas pour cela à dédaigner les artifices de la forme. « Dites merveilles, écrit-il, mais ne les dites pas bien, ce n'est rien ; dites peu et dites bien, c'est beaucoup » (6).

Il a mis ce précepte en pratique dans le *Traité de*

---

(1) Lettre du 11 fév. 1607, édit. *Dom Mackey*, continuée par J.-J. Navatel (à partir du t. XIII), t. XIII, p. 265.

(2) *Ibid.*, p. 266.

(3) Lettre à Monseigneur André Frémyot, archevêque de Bourges, 5 octobre 1604, *ibid.*, t. XII, p. 313.

(4) Cf. SAINTE-BEUVE, Port-Royal, t. I, p. 208, Paris, 1867.

(5) *Traitté*, Préf., — t. IV, p. 8.

(6) *Lettres à Monseigneur André Frémyot*, archevêque de Bourges, 6 octobre 1604, édit. Dom Mackey, t. XII, p. 321.

l'Amour de Dieu. Aussi n'hésitons-nous pas à reprendre cette conclusion : « Jamais l'humanisme de cet écrivain français n'a été, non seulement plus fervent, mais plus sérieux et plus solide que dans le *Traité de l'Amour de Dieu.* C'est l'ouvrage qui montre le mieux que tout ce qu'il avait pris à l'antiquité, il l'a *converti,* pour employer un mot de Joachim du Bellay, « en sang et nourriture ». C'est l'ouvrage le plus savamment composé et le mieux écrit de saint François de Sales, et il nous prouve en particulier que l'humanisme de saint François de Sales s'est perfectionné avec son goût » (1).

*
* *

§ II. — *L'objet du présent travail.*

En faisant « l'histoire de la naissance du progres, de la decadence, des operations, proprietés, avantages et excellences de l'amour divin », saint François de Sales décrit l'effort des âmes en quête de leur souverain Bien. Il veut éclairer leur route et amener son lecteur à se joindre à elles. Mais pour convaincre ce dernier, il s'arrête à examiner avec lui les abords de l'amour de Dieu dans nos cœurs. Il s'excuse de « prendre ainsy les discours jusques dans leurs racines » ; mais, « je pense, ajoute-t-il, que le divin amour est une plante pareille a celle que nous appellons angelique, de laquelle la racine n'est pas moins odorante et salutaire que le tige et les feuilles » (2).

---

(1) Cf. A. Delplanque, *Saint François de Sales humaniste et écrivain latin*, p. 160, 161. Lille, 1907. — Si, comme le dit H. Bremond, *Hist. litt. du sentiment religieux en France*, t. I, *L'humanisme dévot*, p. 11, Paris 1916, l'humanisme chrétien : « Sans négliger aucune des vérités essentielles du christianisme, (il) met de préférence en lumière celles qui paraissent les plus consolantes, les plus épanouissantes, en un mot les plus humaines, qu'il tient du reste pour les plus divines, si l'on peut dire, pour les plus conformes à la bonté infinie » — nous verrons que le *Traité de l'Amour de Dieu* en ses bases philosophiques est excellemment l'œuvre d'un humaniste.

(2) *Traitté*, Préf., — t. IV, p. 8.

« Les quattre premiers Livres, et quelques chapitres des autres, pouvoyent sans doute estre obmis au gré des ames qui ne cherchent que la seule prattique de la sainte dilection, mays tout cela neanmoins leur sera bien utile si elles le regardent devotement. Cependant plusieurs peut estre aussi eussent treuvé mauvais de ne voir pas icy toute la suite de ce qui appartient au traitté du celeste amour. Certes j'ai eu en consideration des espritz de ce siècle et je le devois : il importe beaucoup de regarder en quel aage on escrit » (1).

En son œuvre, il fait donc une large part aux considérations philosophiques (2), dans lesquelles il note avec une grande finesse les *aspirations* de l'âme vers Dieu, le *mouvement*, qu'elles suscitent, et le *succès*, qui les couronne.

C'est à l'étude de cet effort humain, à la partie ascétique du *Traité* que nous nous attacherons.

Ce faisant nous ne sortirons pas du domaine de l'investigation rationnelle. Pour religieuse que soit, en effet, l'entreprise de saint François de Sales, dans les premiers livres de son *Traité*, elle ressortit à la philosophie. Lui-même entend bien se tenir sur ce terrain puisqu'il écrit pour les incroyants ou les tièdes, gens du monde et hommes de cour, autant que pour les âmes déjà avancées en la dévotion.

Lorsque sous nos élans spontanés il découvre une *orientation définie* de notre activité, il constate un fait psychologique. Il en constate un autre lorsque, suivant pas à pas les démarches de notre cœur dans le dédale des biens particuliers, où nous risquons,

(1) *Traitté*, Préf., — t. IV, p. 9.

(2) Cf. H. BREMOND, *Hist. litt. du sent. religieux*, t. II. *L'invasion mystique*, p. 576, Paris, 1916 : « Bien que trop peu lu de nos jours, le *Traité de l'amour de Dieu* n'en reste pas moins l'un des plus beaux livres de philosophie religieuse que le XVIIe siècle nous ait laissés, le plus beau peut-être ».

de nous égarer, il reconnaît à travers nos *adaptations heureuses* les exigences de la logique morale. Enfin, il en dégage un troisième, lorsque son analyse aperçoit au principe de nos aspirations incoercibles, « une *inclination naturelle* d'aymer Dieu sur toutes choses » (1).

Ces faits relèvent strictement de l'observation interne.

Par ailleurs, ils posent devant nous des *problèmes* d'ordre éminemment philosophique. On ne peut, en effet, s'arrêter à considérer en elle-même, — *comme en un centre de réflexion* — cette souveraine inclination vers Dieu, sans que surgisse en notre esprit la question de la *destinée humaine*. Car, cette belle marque de notre origine nous donne « un secret advertissement que nous appartenons à la divine Bonté » (2). — Elle est à l'origine d'un mouvement, que régissent les lois de la Logique morale, lorsque celle-ci répond à l'appel de la Conscience, afin que « personne ne pust justement dire :« Qui nous monstrera le Bien ? » (3). *Comment* donc se déploie ce mouvement ? — Enfin, quel est le *terme* de notre ascension dialectique et pratique ? Comme le voyageur arrivé sur le sommet de la montagne, et cependant toujours tourmenté du besoin de s'élever encore, à côté des ressources employées et des résultats acquis, nous reconnaissons notre impuissance finale. Nous ne pouvons « naturellement executer ceste si juste inclination » (4), et nous sommes réduits à envisager

---

(1) C'est cette remarque, sans doute, qui fait écrire à H. Bremond, *Ibid.*, t. I, p. 116, « François de Sales devrait être appelé *doctor experimentalis*, si ce mot n'était pas si laid. De tout ce que les livres dogmatiques lui ont appris, il a éprouvé la pleine vérité par de longues expériences et sur lui-même et sur les autres ».

(2) Cf. *Traitté*, liv. I, ch. 18, — t. IV, p. 84.

(3) *Ibid.*

(4) *Ibid.*, liv. I, ch. 16, — t. IV, p. 77.

les limites de l'investigation rationnelle. Or, déterminer ces limites, n'est-ce pas, ainsi que l'a montré l'auteur de « *l'Action* », un problème qui intéresse au plus haut point la philosophie la plus humaine ?

Pourtant, « la nature n'est-elle pas vayne de nous inciter à un amour qu'elle ne nous peut donner ? Pourquoy nous donne-t-elle la soif d'une eau si précieuse puisqu'elle ne peut nous en abbreuver ? » (1). Sans doute, il semble bien qu'au point de vue de la spéculation nous soyons bloqués dans une impasse. Mais saint François espère nous en faire sortir par l'usage d'une méthode pratique, dont il dégage du précédent examen les lignes directrices.

Il nous invite donc à recommencer, *par un effort de volonté cette fois*, la démarche que spontanément toute âme entreprend vers le souverain Bien. Eclairé par l'analyse qui lui a découvert l'orientation foncière de nos énergies, leur mode de progrès et leurs limites, il fixe l'*idéal possible* pour nous. Puis, en une vue synthétique, il trace l'itinéraire à suivre pour que notre action soit féconde : respect, estime, développement de l'*inclination primordiale* ; — *son éducation* à la lumière des données recueillies dans les adaptations antérieures ; — pour aboutir par voie d'ascétisme à l'union de l'âme avec son bien suprême en une *assimilation voulue*, qui contente enfin nos aspirations les plus profondes. Il fera ressortir ainsi que l'épanouissement de la vie religieuse, — malgré et surtout à cause des sacrifices qu'elle impose aux instincts inférieurs qui nous rendent moins hommes, — n'est pas compression et refoulement de l'initiative humaine, mais expansion, dila-

(1) Cf *Traitté*, liv. I, ch. 18, — t. IV, p. 83.

tation, exaltation, réalisation des ressources intimes de notre nature.

Certes, pour atteindre à ce progrès et mettre en valeur cette « inclination naturelle », qu'il considère comme « un signe de la grâce perdue » (1), saint François de Sales comptera sur l'aide de la bonté divine. Il fera donc état de la « très sainte inspiration, laquelle venant avec une douce violence en nos cœurs, elle les saisit et les esmeut, relevant nos pensées et poussant nos affections en l'air du divin amour » (2). Il signalera « le tressaillement universel de nostre âme » (3), quand après avoir cherché « à tastons » l'objet de ses désirs sans savoir « a quoy ce mouvement tendoit » (4), elle le trouve enfin par la foi et reconnaît en lui le don, auquel elle aspirait sans le connaître.

Mais nous tenons à le bien marquer, même en ces régions où l'on ne peut distinguer la limite entre l'ascétisme et le mysticisme, *cela ne nous fait point* quitter le domaine de la philosophie pour entrer dans celui de la théologie surnaturelle. Ces touches secrètes de la grâce, ces secours divins dont on ne peut contester la réalité, quand, indirectement, ils sont perceptibles à l'analyse du philosophe, ne le sont jamais qu'en leur traduction, effet et contre-coup psychologique : ils revêtent pour l'observation interne la forme de phénomènes anonymes, dont l'interprétation demeure irrémédiablement équivoque. L'examen le plus approfondi ne peut saisir en eux et constater avec une rigueur démonstrative leur caractère surnaturel. Voilà pourquoi toutes les tentatives de prouver l'existence du surnaturel par l'inventaire

(1) Cf. *Traitté*, liv. I, ch. 18, — t. IV, p. 84.
(2) *Ibid.*, liv. II, ch. 9, — t. IV, p. 116.
(3) *Ibid.*, liv. II, ch. 15, — t. IV, p. 137.
(4) *Ibid.*, t. IV, p. 138.

et la critique de nos richesses intérieures sont radicalement frappées d'impuissance.

Donc, en la première partie de son *Traité*, saint François de Sales se meut dans une atmosphère humaine, et le déploiement de sa méthode pratique ne dépasse pas le cercle de la philosophie, car investigations, problèmes et solutions y sont abordés nécessairement en termes psychologiques et moraux.

Division. — Après une courte *introduction* sur la formation de sa méthode, nous suivrons saint François de Sales dans son triple travail : l'*enquête*, les *problèmes*, la *mise en œuvre.*

INTRODUCTION

FORMATION DE LA MÉTHODE DE SAINT FRANÇOIS DE SALES

SOMMAIRE. — § I. *Causes psychologiques et historiques* : 1° Son antipathie pour les controverses ; — 2° Son expérience : Le Chablais, Paris ; — 3° Les encouragements de Pierre de Villars. — 4° Relations avec les spirituels. — § II. *Sa méthode.*

Comme l'on priait un jour le cardinal du Perron, que sa science faisait appeler « le fléau perpétuel des Hérétiques », de s'intéresser à quelques gentilshommes disposés à quitter le protestantisme, il répondit : « Si vostre intention est de les convaincre et confondre, vous me les pouvez amener ; car, Dieu merci, j'ai suffisamment de science pour défendre la vérité catholique ; mais si vostre dessein est de les convertir, conduisez-les à Monsieur de Genève, lequel a receu ce talent de Dieu » (1). — Quel était donc le secret de cette influence, qui prenait le cœur de ceux qui s'approchaient de saint François de Sales ? — Certes, aux dons les plus heureux, le saint évêque avait joint une culture solide autant que variée, qui fit de lui un parfait humaniste. Sa science était profonde, claire et précise, mais il possédait autre

(1) Cf. DOM JEAN DE SAINT-FRANÇOIS, *La vie du bien-heureus Mre François de Sales*. Cf. *Œuvres complètes de Saint François de Sales*, t. I, p. 40, Paris 1884. — Cf. J.-P. CAMUS, *L'Esprit du b. François de Sales*, partie dixième, section VI, *ibid.*, p. 440.

chose encore : l'art de pénétrer dans les âmes et de les gagner à son sentiment.

Par quelle méthode y arrivait-il ? Peut-être l'apercevrons-nous à travers les pages du *Traité de l'Amour de Dieu*, son chef-d'œuvre, livre dont la lecture est si efficace, qu'au dire de saint Vincent de Paul il doit servir non seulement « d'échelle aux aspirants à la perfection », mais encore « de remède universel pour les débiles et d'aiguillon pour les indolents » (1).

* * *

§ I. — *Causes psychologiques et historiques.*

1° *Antipathie pour les controverses.* — Missionnaire dans le Chablais, saint François de Sales avait débuté par les *Controverses*, mais bien vite il avait reconnu l'impuissance de la dialectique. « La dispute, quelque réglée qu'elle puisse être, ne réussit pas toujours à l'avantage de la vérité : elle fait paraître ou la science ou l'adresse des disputants ; mais ce n'est pas de là que sortent les conversions » (2).

Cette manière lui fut toujours antipathique. Il dut y sacrifier cependant parce que les protestants l'avaient mise à la mode, mais il l'évitait autant que possible. « Ce n'est ni mon humeur ni ma façon » (3), disait-il ; et d'autres fois, il ajoutait : « Vous ne sauriez croire... combien les vérités de notre sainte foi, sont belles à qui les considère en esprit de tranquillité » (4). C'est pourquoi « sa méthode estoit celle que nous enseigne le grand saint Denis Areopagite,

---

(1) *Process. remiss. Parisiensis*, ad art. 26. — Cf. *Œuvres de Saint François de Sales*, édit. Dom Mackey, t. IV, p. XXXV. Annecy, 1894.

(2) Cf. J.-P. Camus, ouv. cité, partie troisième, sections XVI et XVII. — *Œuvres complètes*, t. I, p. 289.

(3) *Ibid.*, partie deuxième, section XXXVIII, p. 280.

(4) *Ibid.*, partie troisième, sections XVI et XVII, p. 289.

qui nous apprend, que pour traiter utilement avec les Heretiques, il ne faut pas tant s'arrester à refuter leurs erreurs et opinions l'une après l'autre par argumentations, parce que ce n'est jamais fait, et que de la dispute on n'en remporte que de la confusion. Mais il faut s'étudier principalement à découvrir et mettre en veüe les nües et simples veritez de l'Eglise, attendu que la verité a ceste force par elle-mesme qu'elle se fait connoistre, aimer et embrasser à l'entendement quand elle lui est proposée en sa nüe et naifve simplicité. Sa methode estoit donc que laissant d'ordinaire à part la dispute et subtilité des questions de controverse, de présenter la nüe et simple exposition de nostre croïance... » (1).

2° *Expérience : Le Chablais, Paris.* — A l'apologétique de défense, qui abat les ennemis mais ne les gagne pas à la vérité, saint François préfère donc *une apologétique de conquête.* Il la pratique avec une suavité attirante qui lui valut ses succès de convertisseur. L'expérience le confirma dans sa conviction, comme il en témoigne lui-même. « Etant à Paris, écrit-il, et prêchant en la chapelle de la Reine, du jour du jugement (ce n'est pas un sermon de dispute), il se trouva une demoiselle, nommée Madame Perdreauville, qui était venue par curiosité : elle demeura dans les filets et sur ce sermon prit résolution de s'instruire, et dans trois semaines après amena toute sa famille à confesse vers moi, et fus leur parrain de tous en la Confirmation. Voyez-vous, ce sermon-là, qui ne fut point fait contre l'hérésie, respirait néanmoins contre l'hérésie : car Dieu me donna lors cet esprit en faveur de ces âmes. Depuis j'ai toujours dit que qui prêche avec amour, prêche assez contre l'héré-

(1) Cf. DOM JEAN DE SAINT-FRANÇOIS, ouv. cité, liv. II, *ibid.*, t. I. p. 39, 40.

tique, quoi qu'il ne dise un seul mot de dispute contre lui » (1).

Aussi, ne s'étonnera-t-on pas du sentiment qu'il professe à l'égard de la prédication combative : « La chaire évangélique, disait-il, est faite pour édifier les bonnes mœurs, non pour contester ; pour instruire les fidèles en la vérité de leur créance, plutôt que pour convaincre les erreurs de ceux qui se sont séparés de l'Eglise. Une expérience de *trente* années en cet office d'évangéliser nous fait parler ainsi. Nous avons eu quelque emploi dans la réduction du Chablais à la religion catholique romaine ; mais *il ne m'a jamais réussi*, quand j'ai voulu traiter des points controversés en la chaire, *par forme de dispute* » (2).... Et ajoute l'auteur de « L'esprit » : « Il confessait que la prédication de la morale, accompagnée et animée de mouvements de dévotion, était bien plus propre à la conversion, non seulement des pécheurs, mais encore des errants, que toutes les pointes et les aigreurs de la controverse » (3).

Donc, à la méthode négative, qui trouble et divise, au lieu de produire cette harmonie et assimilation des âmes, *moyen*, *signe* et *but* de toute influence efficace, ainsi que nous pensons l'avoir montré ailleurs (4), il va substituer une *méthode positive.* Celle-ci, par un entraînement progressif à la pratique du bien adaptera les âmes à la vérité et les préparera de la sorte à la mieux recevoir.

Mais cet ascétisme fécond présuppose une purification de l'âme : ici, la logique intellectuelle n'a d'efficacité qu'unie à la logique morale. Saint Fran-

(1) Cf. J.-P. Camus, ouv. cité, partie dix-huitième, sect. XXIX, *ibid.*, t. I, p. 632.

(2) *Ibid.*, partie dixième, sect. V, *ibid.*, p. 438.

(3) *Ibid.*, p. 439.

(4) *De l'influence.*

çois de Sales ne s'y trompe pas. On le voit dans la correspondance qu'il échange au début de 1609 avec Pierre de Willars, archevêque de Vienne.

3o *Encouragements de P. de Villars.* — Celui-ci le félicitant d'avoir publié l'*Introduction à la Vie dévote*, reconnaît l'utilité des controverses, qui éclairent l'entendement, mais observe qu'elles ne suffisent pas : « Je ne nie pas que les livres si doctement escrits par tant de Docteurs excellans, dont le Cardinal Bellarmin est le souverain, n'ayent grandement servy contre les heresies de ce siecle ; mais je veux bien aussi dire et soustenir que ceux qui ont escrit sur la morale et de la devotion n'y ont pas apporté moins de remede.... ; de maniere qu'à ce compte, il faut, ou que la doctrine des controverses cede à celle de la pieté et devotion, ou au moins qu'elle se l'associe tellement, qu'en luy concedant sa necessité, elle recognoisse que, sans elle, on n'advance rien, car tout pecheur est ignorant............

Or, Monsieur, continuez de servir d'instrument à la divine Sapience, r'embarrant l'erreur des heretiques par la doctrine des controverses et conduisant les volontez depravées au chemin de la vertu par vos traictez de pieté et de devotion. C'est sans doute que la reformation des mœurs esteindra les heresies avec le temps, comme la depravation les a causées, puis que l'heresie n'est jamais le premier peché » (1).

Saint François abonde en son sens, et dans une lettre datée du 15 février 1609 il lui confie un projet nouveau. « Je medite donq un livret de l'*Amour de Dieu* non point pour en traitter speculativement, mais pour en monstrer la prattique.... » (2). — Aussi-

(1) Cf. *Œuvres de Saint François de Sales*, édit. Dom Mackey, t. XIV, p. 410, lettre du 25 janvier 1609.

(2) *Ibid.*, p. 411.

tôt l'archevêque approuve son dessein qui « disposera des eschelles et degrez au cœur de ceux qui seront si heureux que de les lire, relire et retenir ; car ils arriveront par ce moyen au supreme faiste de la *charité*, qui *accomplist la loy...* » et il s'en promet « une si facile et nombreuse reduction des desvoyez, soit en la doctrine soit aux mœurs, que l'on sera contrainct d'advouër que l'on n'avoit encore point treuvé de semblable méthode » (1).

Encouragé de la sorte, saint François de Sales va travailler à « la melioration des volontez » (2) par l'usage d'une méthode, qui s'adresse au cœur en même temps qu'à l'intelligence et conduit à la vérité par le moyen d'un *ascétisme* éclairé.

4° *Relations avec les « Spirituels »*. — D'autres motifs le poussaient d'ailleurs à réaliser son projet.

Lors du voyage qu'il avait fait à Paris en 1602, il était entré en relations avec ceux que l'on appelait les « spirituels ». Il connut P. de Bérulle et fut grandement édifié par la conversation de Mme Acarie (3). Ces saints personnages donnaient l'impulsion à ce mouvement de piété mystique, qui entraîna les âmes fatiguées des troubles et des interminables discussions de la Réforme. Saint François de Sales était tout préparé à s'unir à eux. Déjà pendant ses études à Padoue, sous la direction du P. Possevin, il avait lu et goûté les écrits de Sainte Thérèse. Le *Combat spirituel* était son livre de chevet ; il avait fréquenté assidument Saint Bonaventure, Cassien, Gerson et

---

(1) Cf. *Œuvres de Saint François de Sales*, édit. Dom Mackey, t. XIV, p. 411 et 412.

(2) *Ibid.*, p. 412.

(3) Sur l'influence de ce voyage, voir F. STROWSKI, *Saint François de Sales. Introduction à l'histoire du sentiment religieux en France au XVIIe siècle*, p. 133, Paris 1898. — A. DELPLANQUE, *Saint François de Sales humaniste et écrivain latin*, p. 57, Lille 1901. — H. BREMOND, *Hist. litt. du sent. religieux*, t. I, p 92 et suiv., Paris, 1916.

bien d'autres encore. Il avait donc puisé aux meilleures sources les principes de l'ascétisme et de la mystique (1).

Cependant, s'il était heureux de coopérer à une telle rénovation religieuse, saint François de Sales était trop avisé pour ne pas en apercevoir les dangers. Il est si facile de s'égarer en ces démarches, où l'âme tend à s'unir à Dieu par un élan d'amour, à se perdre, à se « liquefier en Lui » : les causes d'illusion et d'erreur s'y rencontrent à chaque pas. Le désir d'en préserver les fidèles détermina saint François de Sales à écrire son *Traité de l'Amour de Dieu.*

Il y tracera donc la voie, par où « l'âme des-ja devote » (2) se rapprochera sans cesse de son Dieu ; il lui décrira les moyens, qui la conduiront à toujours plus de lumière et d'amour. Mais en même temps, il aura aussi pour objectif de «ramener au bercail les brebis égarées » (3). Ses manuscrits originaux en font foi.

*
* *

§ II. — *Sa méthode.*

Sa méthode d'ailleurs sera la même dans les deux cas. En ce début elle est éminemment une pratique, une action et au sens étymologique de ce mot un « ascétisme », c'est-à-dire une série d'exercices au moyen desquels l'âme s'élèvera vers ce Bien suprême, dont le désir la travaille alors même qu'elle ne le soupçonne pas encore. En réalité, c'est le fruit de son expérience qu'il nous apporte, car cette ascension à laquelle il convie son ami lecteur, il l'a lui-même exécutée au

(1) Cf. Dom Mackey, *Œuvres de Saint François de Sales*, t. IV, introduction, p. LII et LIII. — Cf. Petit de Julleville, *Histoire de la Langue et de la Littérature française*, t. III, p. 360, Paris 1896.

(2) *Traitté*, Préf., t. IV, p. 13.

(3) Cf. Dom Mackey, *Introduction*, t. IV, p. XLII.

préalable. Aussi, est-ce dans le geste de sympathie, qui est au fond de toute influence efficace, qu'il nous prend par la main afin de nous conduire d'étapes en étapes vers le but suprême et de rendre notre âme semblable à la sienne.

« Tel un géant, qui ayant gravi d'un bond les sommets les plus élevés redescend vers le voyageur attardé au milieu de la plaine, et l'entraîne dans la rapidité de sa course, ainsi notre Docteur, après avoir atteint les cimes de l'amour divin, redescend, pour ainsi dire, vers l'âme chrétienne désireuse de fournir le même parcours : il l'excite, la soulève et l'emporte jusque dans le sein de la charité increéée » (1).

(1) Cf. Dom Mackey, *Introduction*, t. IV, p. VIII.

PREMIÈRE PARTIE

L'ENQUÊTE

Saint François de Sales en connaît la nécessité. Son dessein, en effet, est de déterminer son disciple à entreprendre lui-même (1) son ascension vers Dieu. Il faudra donc au préalable l'éclairer sur le sens de ses inclinations spontanées et de leur orientation profonde, afin de le décider à se rendre « plus homme » par l'épanouissement de ses énergies constitutives. Mais si saint François de Sales se rend compte qu'une influence pour être efficace sur nous doit mettre en valeur nos aptitudes foncières, il sait aussi qu'elle doit nous prendre là où nous en sommes actuellement. Avant de diriger par des exercices d'adaptation progressive l'élan de notre âme vers ce Dieu, auquel elle s'unira dans un amour de complaisance et de bienveillance, il lui est nécessaire de découvrir en notre nature des spontanéités complices de son intervention. Il les cherche par une analyse psychologique, à laquelle il nous convie.

Ce n'est qu'un préambule, sans doute, mais il le juge indispensable.

Convaincu que l'on arrive plus vite par l'amour que par la dialectique, il aborderait volontiers dès

(1) C'est sa méthode ordinaire dans la direction des âmes, cf. Henri Bremond, *Histoire littéraire du sentiment religieux en France*, t. I, *L'humanisme dévot*, p. 99, p. 125, etc., Paris 1916.

ses premiers pas « la *pratique de la science* » d'aimer Dieu, d'autant plus qu'il écrit « pour ayder l'ame des-jà devote en ce qu'elle se puisse avancer en son dessein » (1). Mais sans compter que son zèle de convertisseur l'empêche d'oublier ceux qui sont encore loin de l'amour de Dieu, à cette âme, précisément parce qu'elle est déjà dévote, il importe de donner plus de lumière, de lui enseigner « la *science de la pratique* » d'aimer Dieu.

Il ne manquera pas à ce devoir. « Et pour cela, écrit-il, il m'a esté forcé de dire plusieurs choses un peu moins conneües au vulgaire et qui par conséquent sembleront plus obscures : le fond de la science est tous-jours un peu plus malaysé a sonder et se treuve peu de plongeons qui veuillent et sachent aller recueillir les perles et autres pierres précieuses dans les entrailles de l'océan. Mays si tu as le courage franc pour enfoncer cet escrit, il t'arrivera de vray comme aux *plongeons*, lesquelz, dit Pline, « estans es plus profonds gouffres de la mer y voyent clairement la lumière du soleil ; » car tu treuveras es endroitz les plus malaysés de ces discours une bonne et aymable clarté » (2).

Ainsi, la lumière par l'analyse ou *science de la pratique*, précédera, éclairera le progrès par la synthèse vécue *ou pratique de la science :* ce sont les deux buts qu'il poursuit en cette méthode d'influence, au moyen de laquelle P. de Villars espérait « une si facile et nombreuse réduction des desvoyez soit en la doctrine, soit aux mœurs, que l'on sera contrainct d'advouër que l'on n'avoit point encore treuvé de semblable méthode » (3).

---

(1) *Traitté*, Préf., — t. IV, p. 13.
(2) *Ibid.*
(3) Lettre de P. de Villars, archevêque de Vienne. — *Cf. Œuvres de Saint François de Sales*, édit. Dom Mackey, t. XIV, p. 412.

Son premier souci sera donc de *faire le point* par rapport au but, où il veut mener son disciple. *A quelle distance de ce terme idéal se trouve l'âme humaine ? — Comment en fait le poursuit-elle et à travers quelles difficultés ? — De quelles ressources dispose-t-elle pour cela ?*

L'investigation psychologique donnera à ces questions de lumineuses réponses.

CHAPITRE PREMIER

L'ORIENTATION NÉCESSAIRE

Sommaire. — 1° Vue générale. — 2° L'orientation définie de notre activité. — 3° Résultats.

Où en sommes-nous par rapport à l'amour de Dieu ? — L'examen de nos *assimilations spontanées* et de leurs objets, c'est-à-dire des biens, auxquels notre âme s'attache comme d'instinct, nous permettra de le dire.

1. *Vue générale.* — Au premier coup d'œil qu'il jette sur la nature humaine, saint François de Sales découvre une « innumerable multitude et varieté d'actions, mouvemens, sentimens, inclinations, habitudes, passions, facultés et puissances » (1). Mais Dieu en vue de rendre toutes choses belles et bonnes a coutume de réduire la variété à l'unité. Ainsi, dans notre petit monde il « a establi une naturelle monarchie en la volonté » (2). — Celle-ci gouvernera donc, mais à condition d'être habile, car « qui veut chevir de ces facultés, il faut user d'industrie. Le medecin traittant un enfant de berceau ne luy commande chose quelconque, mays il ordonne bien à la nourrice qu'elle luy fasse telle et telle chose ; ou bien quelquefois il ordonne qu'elle mange telle ou telle viande,

(1) *Traitté*, liv. I, ch. 1, — t. IV, p. 25.
(2) *Ibid.*

qu'elle prenne tel ou tel medicament, dont la qualité se respandant dans le laict, et le laict dans le cors du petit enfant, la volonté du medecin reussit en ce petit malade qui n'a pas seulement le pouvoir d'y penser. Il ne faut pas, certes, faire les ordonnances d'abstinences, sobriété, continence a l'estomach, au gosier, au ventre ; mais il faut commander aux mains de ne point fournir à la bouche les viandes et breuvages qu'en telle ou telle mesure. Il faut oster ou donner à la faculté qui produit, les objetz et sujetz et les alimens qui la fortifient, selon que la rayson le requiert ; il faut divertir les yeux, ou les couvrir de leur chaperon naturel et les fermer, si on veut qu'ilz ne voyent point ; et avec ces artifices on les reduira au point que la volonté desire » (1).

Or, cet art et industrie est encore plus nécessaire pour maîtriser l'appétit sensuel. Car, « cet appetit sensuel est a la verité un sujet rebelle, seditieux, remuant » (2), qui, sous forme de convoitise « a douze mouvemens, par lesquelz, comme par autant de capitaines mutinés, il fait sa sedition en l'homme. Et parce que pour l'ordinaire ilz troublent l'ame et agitent le cors, entant qu'ilz troublent l'ame, on les appelle perturbations, entant qu'ilz inquietent le cors, on les appelle passions, au rapport de saint Augustin » (3). Malgré que nous en ayons, nous ne pouvons demeurer à l'abri de leurs entreprises séditieuses. D'ailleurs, « c'est affin d'exercer nos volontés en la vertu et vaillance spirituelle, que cette multitude de passions est laissee en nos ames, Theotime ; de sorte que les Stoïciens, qui nierent

(1) *Traitté*, liv. I, ch. 2, — t. IV, p. 27.
(2) *Ibid.*, liv. I, ch. 3, — t. IV, p. 29.
(3) *Ibid.*

qu'elles se treuvassent en l'homme sage, eurent grand tort » (1).

Creusons davantage et nous découvrirons qu'elles « proviennent toutes de l'amour comme de leur source et racine » (2). C'est pourquoi ces « passions et affections sont bonnes ou mauvaises, vicieuses ou vertueuses, selon que l'amour duquel elles procèdent est bon ou mauvais » (3). Aussi, pouvons-nous conclure : « La droite volonté est l'amour bon, la mauvaise volonté est l'amour mauvais », c'est a dire en un mot, Théotime, que l'amour domine tellement en la volonté qu'il la rend toute telle qu'il est » (4).

Elle n'est point cependant dépouillée de son *principat*, car « pour tout cela il ne s'ensuit pas que la volonté ne soit encore régente sur l'amour, d'autant que la volonté n'ayme qu'en voulant aymer, et, de plusieurs amours qui se presentent a elle, elle peut s'attacher à celuy que bon luy semble... » (5). Elle conserve donc la direction et la responsabilité de notre vie, puisqu'elle est « maistresse sur les amours, comme une damoiselle sur les amans qui la recherchent, parmi lesquelz elle peut eslire celuy qu'elle veut » (6).

D'autre part, en ce domaine, où nous introduit le choix de « l'appetit intellectuel ou raysonnable qu'on appelle volonté » (7), il y a une foule de mouvements, qui « sont ordinairement appeliés affections » (8). — « Or ces affections que nous sentons

---

(1) *Traitté*, liv. I, ch. 3, — t. IV, p. 30.
(2) *Ibid.*, liv. I, ch. 4, — t. IV, p. 32.
(3) *Ibid.*, t. IV, p. 33.
(4) *Ibid.*
(5) *Ibid.*, t. IV, p. 34.
(6) *Ibid.*
(7) *Ibid.*, liv. I, ch. 5, — t. IV, p. 35.
(8) *Ibid.*

en nostre partie raysonnable sont plus ou moins nobles et spirituelles selon qu'elles ont leurs objetz plus ou moins relevés, et qu'elles se treuvent en un degré plus eminent de l'esprit » (1). — Il y a donc entre elles une hiérarchie fondée sur la nature même de leurs objets. En vertu de ce principe, saint François de Sales distingue les « affections naturelles », les « raysonnables », les « chrestiennes » et les « divines et surnaturelles » (2). Enfin, au sommet de cette progression ascendante « entre tous les amours celuy de Dieu tient le sceptre » (3).

2. *Orientation définie de notre activité.* — C'est ce fait, qu'après avoir posé les préliminaires généraux, saint François de Sales entend prouver en serrant son analyse de nos *assimilations spontanées.*

A peine s'arrête-t-il à considérer le mouvement initial de l'âme humaine, qu'il observe dans toutes ses démarches un élan irrésistible vers le bien. « La volonté a une si grande convenance avec le bien, que tout aussi tost qu'elle l'apperçoit elle se tourne de son costé pour se complaire en iceluy comme en son objet tres aggreable... » (4). — Ce penchant résulte d'une « convenance tres estroitte avec le bien » (5). Cette convenance est le fruit d'une ressemblance, source de sympathie : on aime ce que l'on est. Mais par ailleurs l'amour humain « se prend quelquefois plus fortement entre des personnes de contraires qualités, qu'entre celles qui sont fort semblables ». « La convenance donq qui cause l'amour ne consiste pas tous-jours en la ressemblance mais en la

(1) *Traitté*, liv. I, ch. 5, — t. IV, p. 37.
(2) *Ibid.*
(3) *Ibid.*, liv. I, ch. 6, — t. IV, p. 38.
(4) *Ibid.*, liv. I, ch. 7, — t. IV, p 40.
(5) *Ibid.*, t. IV, p. 41.

proportion, rapport ou correspondance de l'amant à la chose aymée » (1). On aime ce que l'on n'est pas et ce que l'on n'a pas. De sorte que l'amour, s'il jaillit, témoignera d'une convenance ou de similitude ou d'harmonie.

Or, l'observation le montre, la volonté mue par une double convenance de ce genre s'oriente d'elle-même vers le bien. En effet, « cette convenance produit la complaysance que la volonté ressent a sentir et appercevoir le bien ; cette complaisance esmeut et pousse la volonté au bien ; ce mouvement tend a l'union, et en fin, la volonté esmeüe et tendante a l'union cherche tous les moyens requis pour y parvenir » (2).

C'est donc une *assimilation* que spontanément rêve l'amour et vers laquelle se tourne nécessairement l'activité de notre âme : nous y sommes emportés fatalement, car « certes que nous veuillions ou que nous ne veuillions pas, nostre esprit tend au souverain bien » (3). Notre cœur, en effet, a le sentiment indéracinable que dans sa possession, il trouvera l'apaisement, le repos, le bonheur qu'il souhaite. Aussi ne peut-il résister à ses attraits.

Parfois ce bien se dérobe à nos prises et nous souffrons de notre impuissance et de notre indigence. Alors s'éveille le *désir* « mais quand le bien devers lequel le cœur s'est retourné, incliné et esmeu, se treuve esloigné, absent ou futur, ou que l'union ne se peut pas encor faire si parfaittement qu'on pretend, alhors le mouvement d'amour par lequel le cœur tend, s'avance et aspire a cet objet absent,

---

(1) *Traitté*, liv. I, ch. 8, — t. IV p. 48.
(2) *Ibid.*, liv. I, ch. 7, — t. IV, p. 41.
(3) *Ibid.*, liv. II, ch. 15, — t. IV, p. 138.

s'appelle proprement desir ; » (1). Il s'appelle aussi inquiétude, et tient en haleine notre activité.

En définitive, celle-ci, même sous la forme la plus élevée de l'appétit rationnel, est toujours au service d'un amour ou d'une passion. « Bref, Theotime, la volonté n'est esmeüe que par ses affections, entre lesquelles l'amour, comme le premier mobile et la premiere affection, donne le bransle a tout le reste, et fait tous les autres mouvemens de l'ame » (2).

Mais comment se traduisent ces mouvements de l'âme ? — « La fin... de l'amour n'est autre chose que l'union de l'amant à la chose aymée » (3), répond saint François de Sales. C'est pourquoi toutes les démarches qu'inspire l'amour visent à des *assimilations spontanées*, inconscientes ou conscientes, avec des objets dont l'excellence mesure celle des inclinations qui les recherchent (4).

3. *Résultats.* — Cette première observation nous apprend donc trois choses : d'abord elle nous révèle avec quelle *inéluctable nécessité* notre âme est orientée vers le bien qui exerce sur elle un souverain attrait ; ensuite, elle nous montre en cet amour du bien le *grand moteur* de notre activité ; — enfin, en nous faisant remarquer la convenance et l'harmonie que nos amours supposent entre leurs objets et les tendances naturelles de notre âme, elle nous explique pourquoi nous arriverons à *découvrir* celles-ci par l'examen de ceux-là.

---

(1) *Traitté*, liv. I, ch. 7, — t. IV, p. 44.
(2) *Ibid.*, liv. I, ch. 4, — t. IV, p. 33.
(3) *Ibid.*, liv. I, ch. 9, — t. IV, p. 53.
(4) *Ibid.*, liv. I, ch. 5, — t. IV, p. 37.

CHAPITRE II

LE MODE DE PROGRÈS

SOMMAIRE. — 1° Les errements possibles. — 2° Le rappel constant de la volonté. — 3° Le but nécessairement poursuivi.

La découverte des tendances personnelles, que chacun peut entreprendre pour son compte et son plus grand profit, sera, nous venons de le voir, singulièrement facilitée par l'étude des biens particuliers, auxquels notre âme se prend d'elle-même, auxquels elle s'attache de préférence à d'autres, qui la sollicitent également. La raison de son choix ne réside-t-elle pas en effet dans une harmonie, dans une *adaptation préalable*, qui lui fait éprouver une complaisance plus grande en la possession de tel ou tel bien ? — Elle va vers eux comme suivant la pente de sa nature, et son union avec eux, grâce à un progrès d'adaptation, développe davantage encore son aptitude à en jouir.

C'est ainsi que nous pourrons savoir quelle est notre inclination dominante. En effet, « nous avons trois sortes d'actions amoureuses : les spirituelles, les raysonnables et les sensuelles » (1), et l'attrait que nous éprouvons pour l'une ou pour l'autre nous révèle nos dispositions intimes.

Comment, sous la pression de ces dernières, avan-

(1) *Traitté*, liv. I, ch. 10, — t. IV, p. 56.

çons-nous vers le souverain Bien, et à travers quelles difficultés ?

« Certes c'est l'homme qui ayme, mais il ayme par la volonté, et partant, la fin de son amour est de la nature de sa volonté : mais sa volonté est spirituelle, c'est pourquoi l'union que son amour prétend est aussi spirituelle » (1).

1. *Les errements possibles.* — Cependant en fait l'illusion nous guette avec les passions, « lesquelles comme le guy vient sur les arbres par manière d'excrement et de surcroissance, naissent aussi bien souvent parmi l'amour et autour de l'amour » (2). Aussi, arrive-t-il que la volonté aveuglée par leurs prestiges, entraînée par leurs sollicitations s'attache aux faux biens qu'elles lui présentent. Alors elle s'arrête dans son mouvement vers le souverain Bien.

L'illusion est d'autant plus facile, que ces amours parasitaires se glissent dans l'exercice du véritable amour pour le vicier et pour détourner à leur profit l'énergie de l'âme. « Tandis que la partie intellectuelle de nostre ame travaille a l'amour honneste et vertueux, sur quelque objet qui en est digne, il arrive souvent que les sens et facultés de la partie inferieure tendent a l'union qui leur est propre et leur sert de pasture... » (3). Ainsi « Helisee, ayant gueri Naaman le Syrien, se contenta de l'avoir obligé, refusant au reste son or, son argent et les meubles qu'il luy avoit offert ; mais Giesi, cet infidele serviteur, courant apres iceluy, demanda et prit, outre le gré de son maistre, ce qu'il avoit refusé : l'amour intellectuel et cordial, qui est certes, ou doit estre,

---

(1) *Traitté*, liv. I, ch. 10, — t. IV, p. 55.
(2) *Ibid.*
(3) *Ibid.*, t. IV, p. 59.

le maistre en nostre ame, refuse toutes sortes d'unions corporelles et sensuelles, et se contente en la simple bienveillance ; mais les puissances de la partie sensitive, qui sont ou doivent estre les servantes de l'esprit, demandent, cherchent et prennent ce qui a esté refusé par la rayson, et, sans prendre permission d'icelle, s'avancent a vouloir faire leurs unions abjectes et serviles, deshonnorans, comme Giesi, la pureté de l'intention de leur maistre qui est l'esprit ; et a mesure que l'ame se convertit a telles unions grossieres et sensibles, elle se divertit de l'union delicate, intellectuelle et cordiale » (1).

Ainsi, certaines âmes abandonnent le droit chemin de l'amour, et oublieuses de leur vrai bien s'avilissent tout à fait. « Il est vray que plusieurs, ayans l'esprit grossier, terrestre et vil, estiment la valeur de l'amour comme celle des pieces d'or, desquelles les plus grosses et pesantes sont les meilleures et plus recevables ; car ainsy leur est-il advis que l'amour brutal soit plus fort, parce qu'il est plus violent et turbulent » (2).

2. *Le rappel constant de la volonté.* — Mais l'aspiration fondamentale n'y trouve pas son compte et la nature nous en avise elle-même. Attentive à dissiper notre illusion, elle nous montre que ces amours inférieures ne répondent pas au vœu de notre volonté profonde, et partant ne peuvent nous donner le bonheur que nous cherchons. — Sans passer en revue les solutions, qu'en sa critique originale et puissante élimine la philosophie de l'Action, saint François de Sales en appelle qux paroles de saint Grégoire : « Il y a cette différence entre les playsirs spirituelz et les corporelz : que les corporelz donnent du desir avant qu'on les ayt et du desgoust quand on les a ;

(1) *Traitté*, liv. I, ch. 10, — t. IV, p. 59, 60.
(2) *Ibid.*, p. 61.

mais les spirituelz, au contraire, donnent du desgoust avant qu'on les ayt, et du playsir quand on les a. Si que l'amour animal, qui pretend par l'union qu'il fait a la chose aymee de combler et perfectionner sa complaisance, treuvant qu'au contraire il la destruit en la terminant, demeure grandement desgousté de telle union... » (1).

Ainsi l'exigence, qui s'agite au fond de notre âme, notre complaisance inapaisée pour le vrai bien entretiennent en notre cœur « un certain intime empressement et une continuelle inquietude » (2). Par ce moyen elles nous tracent la voie à suivre et nous y poussent en quelque sorte malgré nous. Le fait même des fatigues et dégoûts, qu'entraînent à leur suite les amours inférieures, tend à en détourner le cœur de l'homme.Elles ne lui apportent, en effet, qu'impression de vide et de souffrance. C'est que son adaptation à leurs objets, pour réussie qu'elle soit en ses débuts, n'est jamais complète : elle ne laisse pas de lui faire sentir l'insuffisance même de ces objets à le satisfaire. Ses aspirations demeurent insatiables. Elles ne peuvent « en sorte quelconque s'accoiser, ni cesser de tesmoigner que sa parfaite satisfaction et son solide contentement luy manquent » (3), jusqu'à ce qu'elles l'aient conduit « au principal et plus éminent de tous les amours » (4).

3. *Le but nécessairement poursuivi.* — Au fond du creuset de notre cœur brûle l'amour de Dieu. Car, en définitive, quel est le bien auquel nous fait tendre sans relâche l'orientation profonde de nos énergies ? C'est Dieu lui-même. La spontanéité de nos élans

---

(1) *Traitté*, liv. I, ch. 10, — t. IV, p. 61.
(2) *Ibid.*, liv. II, ch. 15, — t. IV, p. 137.
(3) *Ibid.*
(4) *Ibid.*, liv. I, ch. 14, — t. IV, p. 73.

le révèle : « Si tost que l'homme pense un peu attentivement à la Divinité, il sent une certaine douce esmotion du cœur, qui tesmoigne que Dieu est Dieu du cœur humain » (1). Il est vraiment le but, qu'à travers les étapes marquées par ses adaptations heureuses, notre âme poursuit en son voyage vers le souverain Bien. Voilà pourquoi constatant ce penchant naturel qui nous fait d'instinct recourir à Dieu, « si quelqu'accident espouvante nostre cœur » (2), saint François de Sales en découvre la source dans « une extreme convenance avec sa divine Majesté » (3), « ... convenance que chacun connoist, et que peu de gens entendent ; convenance qu'on ne peut nyer » (4). Convenance de similitude certes, puisque « nous sommes creés a l'image et semblance de Dieu « (5) ; — mais en outre « correspondance nompareille entre Dieu et l'homme pour leur reciproque perfection » (6). — « Ainsy, Theotime, nostre defaillance a besoin de l'abondance divine par disette et nécessité » (7).

Tel est notre besoin de Dieu, qui au terme de notre recherche nous arrache ce cri : « Nostre âme donques, considerant que rien ne la contente parfaittement et que sa capacité ne peut estre remplie par chose quelconque qui soit au monde, voyant que son entendement a une inclination infinie de sçavoir tous-jours davantage, et sa volonté un appetit insatiable d'aymer et treuver du bien, n'a-t-elle pas rayson d'exclamer : Ah ! donques je ne suis pas faite pour ce monde !

---

(1) *Traitté*, liv. I, ch. 15, — t, IV, p. 74.
(2) *Ibid.*
(3) *Ibid.*
(4) *Ibid.*
(5) *Ibid.*
(6) *Ibid.*, t. IV, p. 75.
(7) *Ibid.*, t. IV, p. 76.

Il y a quelque souverain bien, duquel je depens, et quelque ouvrier infini qui a imprimé en moy cet interminable desir de sçavoir et cet appetit qui ne peut estre assouvi : c'est pourquoy il faut que je tende et m'estende vers luy, pour m'unir et joindre a sa bonté a laquelle j'appartiens et suis » (1).

(1) *Traitté*, liv. I, chap. 15, — t. IV, p. 76, 77.

CHAPITRE III

NOS RESSOURCES FONCIÈRES

SOMMAIRE. — 1° L'inéluctable aspiration. — 2° L'inclination souveraine. — 3° Rôle.

1. *L'inéluctable aspiration.* — Comme on l'a dit très justement « l'ambition persévérante de l'homme est d'égaler ses désirs » (1). Sous leur poussée, il s'attache à tous les biens, qu'il rencontre avide de s'y unir intimement, de s'y assimiler pour se les assimiler, de s'absorber en eux pour les absorber dans sa vie et les faire siens dans toute la force du terme. Par ces assimilations et adaptations, il cherche le repos dans la possession d'un objet, qui comblera les exigences profondes de son être. Et rien ne semble pouvoir enrayer l'expansion de son activité à la poursuite de ce but. Déçue sans cesse, sa volonté de l'atteindre ne s'en exalte que davantage. Elle se détourne des biens imparfaits, — qui l'ont séduite un instant, mais dont elle a reconnu la vanité, — pour courir à d'autres conquêtes avec une persévérance que rien ne lasse.

A considérer de la sorte à quels biens elle se prend aujourd'hui, nos observations psychologiques nous permettent de marquer la distance qui nous sépare

(1) Cf. M. BLONDEL, *L'Action*, p. 148, Paris 1895.

actuellement d'un idéal de bonheur inévitablement cherché (1). Elles nous font reconnaître également par quelles voies d'adaptation progressive nous sommes entraînés vers lui d'un souhait toujours impérieux (2).

Telle est l'histoire de toute vie. Merveilleusement ondoyant et divers, l'homme poursuit des rêves de félicité, qu'il abandonne et reprend, comme les enfants changent leurs jeux. A peine a-t-il obtenu un objet longtemps convoité, qu'il en aperçoit la futilité et s'en détache. Au fond de la coupe des plaisirs il ne trouve que l'amertume. Les frivolités de la jeunesse, qui étourdissent un instant, laissent à l'âme une impression de vide et de néant ; et la déception n'est pas moindre pour l'âge mûr, qui recherche les biens plus positifs d'honneurs et de richesses. — Vanité des vanités. Rien ne remplit l'infini de nos vœux. Mais en ces heures d'inassouvissement et de détresse, l'homme fait un retour sur lui-même et constate combien il est loin de son idéal de bonheur. Alors, il se met en quête d'un remède à son ennui.

2. *L'inclination souveraine.* — Pourquoi ne l'a-t-il pas trouvé, ce remède, dans la jouissance des biens d'ici-bas ? — Parce que son désir inéluctable est animé par une inclination dont l'objet les dépasse tous. Il entrevoit certes en eux le rayonnement et le reflet du souverain Bien, mais cela même avive son besoin de posséder ce Bien suprême : Dieu.

Arrivé au terme de son analyse, saint François de Sales découvre à la racine de nos aspirations incoercibles une « *inclination naturelle d'aymer Dieu sur toutes choses* » (3). Or, cette inclination, que

(1) Cf. sup. 1re p., ch. I.
(2) Cf. sup., 1re p., ch. II.
(3) *Traitté*, liv. I, ch. 16, — t. IV, p. 77.

l'observation nous révèle en dernier lieu, s'empare à bon droit du sceptre entre tous les amours. « L'amour de Dieu est voyrement le puisné entre toutes les affections du cœur humain ; car comme dit l'Apostre, *ce qui est animal est premier* et *le spirituel après* ; mais ce puisné hérite toute l'authorité, et l'amour-propre, comme un autre Esau, est destiné à son service, et non seulement tous les autres mouvemens de l'ame, comme ses freres, l'adorent et luy sont soumis, mais aussi l'entendement et la volonté, qui luy tiennent lieu de père et de mère. Tout est sujet à ce celeste amour, qui veut tous-jours estre roy ou rien, ne pouvant vivre qu'il ne règne, ni regner si ce n'est souverainement » (1).

Nous avons donc une inclination naturelle, qui spontanément oriente notre cœur vers Dieu. C'est elle, qui au fond inspire toutes nos démarches à travers les biens passagers, et empêche que nous nous y arrêtions. Elle ne nous laisse pas de repos ici-bas où « rien ne la contente parfaittement » (2). Il est vrai que parfois elle semble assoupie, mais elle n'est jamais détruite : elle se réveille exigeante dès que nous pensons « un peu attentivement à la Divinité » (3).

Cependant, si l'analyse psychologique, telle que la conduit saint François de Sales, aboutit à nous faire apercevoir en l'homme « une inclination naturelle d'aymer Dieu sur toutes choses », — elle nous avertit en même temps de notre impuissance à « naturellement executer cette si juste inclination » (4).

En ce point, en effet, nous sommes semblables aux aigles : « Les aigles ont un grand cœur et beau-

(1) *Traitté*, liv. I, ch. 6 — t. IV, p. 38.
(2) *Ibid.*, liv. I, ch. 15, — t. IV, p. 76.
(3) *Ibid.*, t. IV, p. 74.
(4) *Ibid.*, liv. I, ch. 16, — t. IV, p. 77.

coup de force à voler ; elles ont neanmoins incomparablement plus de veüe que de vol, et estendent beaucoup plus viste et plus loin leur regard que leurs aysles. Ainsy nos espritz, animés d'une sainte inclination naturelle envers la Divinité, ont bien plus de clarté en l'entendement pour voir combien elle est aymable, que de force en la volonté pour l'aymer ; car le peché a beaucoup plus debilité la volonté humaine qu'il n'a offusqué l'entendement, et la rebellion de l'appetit sensuel que *nous* appellons concupiscence, trouble voirement l'entendement, mais c'est pourtant contre la volonté qu'il excite principalement la sedition et revolte ; si que la pauvre volonté des-jà toute infirme, estant agitee de continuelz assautz, que la concupiscence luy livre, ne peut faire un si grand progres en l'amour divin, comme la rayson et inclination naturelle luy suggerent qu'elle devroit faire » (1). Voilà pourquoi « nostre cheftive nature navree par le peché, fait comme les palmiers que nous avons de deça, qui font voirement certaines productions imparfaittes et comme des essais de leurs fruitz, mais de porter des dattes entieres, meures et assaisonnees, cela est reservé pour des contrees plus chaudes. Car ainsy nostre cœur humain produit bien naturellement certains commencemens d'amour envers Dieu, mais d'en venir jusques à l'aymer sur toutes choses, qui est la vraye maturité de l'amour deu a cette suprême Bonté, cela n'appartient qu'aux cœurs animés et assistés de la grâce celeste et qui sont en l'estat de la sainte charité ; et ce petit amour imparfait, duquel la nature en elle-mesme sent les eslans, ce n'est qu'un certain vouloir sans vouloir, un vouloir qui voudroit, mais qui ne veut pas, un

---

(1) *Traité*, liv. I, ch. 17, — t. IV, p. 80.

vouloir sterile qui ne produit point de vrays effectz, un vouloir paralytique qui void la piscine salutaire du saint amour mais qui n'a pas la force de s'y jetter ; et en fin, ce vouloir est un avorton de la bonne volonté, qui n'a pas la vie de la genereuse vigueur requise pour en effect preferer Dieu à toutes choses : dont l'Apostre, parlant en la personne du pecheur, s'escrie : *Le vouloir est bien en moy, mais je ne treuve pas le moyen de l'accomplir* » (1).

Nous constatons ainsi notre indigence.

3. *Rôle.* — Cependant, ajoute saint François de Sales, « l'inclination... d'aymer Dieu sur toutes choses ne demeure pas pour neant dans nos cœurs (2). — Outre que Dieu s'en sert « comme d'une anse pour nous pouvoir plus suavement prendre et retirer a soy » (3) ; — « elle nous est un indice et memorial de nostre premier Principe et Createur, a l'amour duquel elle nous incite, nous donnant un secret advertissement que nous appartenons a sa divine Bonté » (4). — En conséquence, non seulement elle indique à notre activité la direction à suivre, mais elle amorce encore notre énergie par l'espérance, qu'elle engendre. « C'est pourquoy le grand Prophete royal appelle cette inclination non seulement *lumière* parce qu'elle nous fait voir où nous devons tendre, mais aussi joye et *allegresse*, parce qu'elle nous console en nostre egarement ; nous donnant esperance que Celuy qui nous a empreinte et laissee cette belle marque de nostre origine, pretend encor et desire de nous y ramener et reduire, si nous sommes si heureux que de nous laisser reprendre à sa divine Bonté » (5).

---

(1) *Traitté*, liv. I, ch. 17, — t. IV, p. 82, 83
(2) *Ibid.*, liv. I, ch. 18, — t. IV, p. 84.
(3) *Ibid.*
(4) *Ibid.*
(5) *Ibid.*, t. IV, p. 85.

A ce double titre, elle nous rendra donc aptes à *reconnaître* son objet, lorsque par une aide divine nous passerons de la possession idéale à la posesssion réelle de ce souverain Bien, auquel notre âme aspire et dont nous sentirons la présence au « tressaillement universel de nostre ame » (1). — « Le cœur humain tend a Dieu par son inclination naturelle sans sçavoir bonnement quel il est ; mais quand il le treuve a la fontaine de la foy et qu'il le void si bon, si beau, si doux et si debonnaire envers tous, et si disposé a se donner comme souverain bien a tous ceux qui le veulent, o Dieu, que de contentemens et que de sacrés mouvemens en l'esprit, pour s'unir a jamais a cette bonté si souverainement aymable ! J'*ay* en fin *treuvé*, dit l'ame ainsy touchee, *j'ay treuvé* ce que je desirois et je suis maintenant contente » (2). — C'est enfin le repos dans la satisfaction parfaite du désir. « Ainsy, mon cher Theotime, nostre coeur ayant eu si longuement inclination a son souverain bien, il ne sçavoit a quoy ce mouvement tendoit ; mais si tost que la foy le luy a monstré, alhors il void bien que c'estoit cela que son ame requeroit, que son esprit cherchoit, et que son inclination regardoit » (3).

Au terme de l'investigation psychologique, cette tendance indestructible, si vivace et si nettement définie nous apparaît donc comme une disposition *profonde* de notre nature. D'où pourrait-elle surgir, en effet, sinon d'une convenance *essentielle* que nous avons avec Dieu et par similitude et par correspondance ?

Nous sommes faits pour Dieu : vers Lui sont orien-

---

(1) *Traitté*, liv. II, ch. 15, — t. IV, p. 137.
(2) *Ibid.*
(3) *Ibid.*, t. IV, p. 138.

tées irrésistiblement nos aptitudes foncières et constitutives. Aussi, saint François de Sales a toute raison de conclure « mais quant a nous, Theotime, mon cher ami, nous voyons bien que nous ne pouvons estre vrays hommes sans avoir inclination d'aymer Dieu plus que nous-mesmes » (1).

(1) *Traitté*, liv. X, ch. 10. — t. V, p. 203.

DEUXIÈME PARTIE

LES PROBLÈMES

A travers les assimilations spontanées de notre volonté avec le bien, en lequel elle se complait « comme en son objet tres aggréable » (1), saint François de Sales a découvert une *orientation* définie de notre activité. Il a vu aussi que le progrès de cette dernière marqué par des *adaptations* de plus en plus heureuses est dû à l'*épanouissement* d'une « inclination naturelle d'aymer Dieu sur toutes choses ».

Son analyse lui a donc permis de faire le point où nous en sommes dans nos démarches psychologiques, c'est-à-dire de déterminer le *but* vers lequel nous allons nécessairement, la *manière*, dont nous le poursuivons et les *ressources* que nous possédons pour cela. Il pourra désormais nous offrir un *idéal* proportionné à nos forces et trouver une *méthode efficace* pour l'atteindre, en *mettant en valeur* les aptitudes foncières de notre nature.

Mais avant d'exposer son œuvre de synthèse pratique, il est intéressant d'étudier les *problèmes* qu'en fait pose et résout cette tentative de tracer à l'âme humaine un itinéraire vers sa fin suprême.

Au point de départ, elle constate une inclination

(1) *Traitté*, liv. I, ch. 7, — t. IV, p. 40.

naturelle d'aimer Dieu sur toutes choses ; ne pourrait-on pas trouver en elle quelque indice révélateur de *notre destinée* ? — Nous paraissons marcher vers notre fin sous la contrainte d'un règle inflexible opérant un triage entre nos diverses aspirations : quelle est *la loi de cette logique morale* qui dirige notre mouvement ? — Enfin, parvenus au bout de nous-mêmes en notre effort, nous devons avouer notre impuissance à gravir le sommet que nous entrevoyons : quel est donc notre réel point d'arrivée ? Quelles *sont les limites infranchissables* à notre ascension ?

Le point de départ, le mouvement, le point d'arrivée ; voilà, semble-t-il, ce qu'il importe d'examiner avant d'entreprendre le voyage.

CHAPITRE PREMIER

L'INCLINATION AU POINT DE DÉPART ET LE PROBLÈME DE NOTRE DESTINÉE

SOMMAIRE. — § I. *Vue statique* : 1° l'inclination est réelle, — 2° définie, — 3° indestructible. — § II. *Vue dynamique* : 1° L'inclination considérée en son origine, — 2° en sa force d'expansion, — 3° en son but.

Nous venons de l'entendre dire à saint François de Sales, l'âme humaine éprouve un invincible besoin de se dépasser elle-même. « Son entendement a une inclination infinie de sçavoir tou-jours davantage et sa volonté un appetit insatiable d'aymer et treuver du bien » (1). L'attrait du souverain Bien l'empêche de s'arrêter en route ; il faut qu'elle « tende et s'estende » vers Lui, afin de s'y unir. C'est Lui qu'elle veut essentiellement et fondamentalement et qu'elle cherche à son insu peut-être dans le mouvement de son inévitable expansion. Il appert donc que « nous avons une inclination naturelle au souverain bien en suite de laquelle nostre cœur a un certain intime empressement et une continuelle inquietude, sans pouvoir en sorte quelcomque s'accoiser, ni cesser de tesmoigner que sa parfaite satisfaction et son solide contentement luy manquent » (2).

(1) *Traitté*, liv. I, ch. 15, — t. IV, p. 76.
(2) *Ibid.*, liv. II, ch. 15, — t. IV, p. 136 et 137.

C'est un *fait* que l'analyse psychologique constate : une inquiétude, une aspiration, une exigence nous travaillent. Qu'est-ce donc que *cette inclination* qui est à leur source ?

Pour en bien connaître la nature, il nous faut, semble-t-il, la considérer successivement au point de vue statique et au point de vue dynamique, c'est-à-dire examiner d'abord les caractères qu'elle présente et les formes qu'elle revêt, puis chercher à découvrir son origine afin de déterminer la portée de son expansion.

* * *

§ I. *Vue statique.*

1. *L'inclination est réelle.* — Au sujet de la réalité de cette inclination aucun doute n'est possible.

Outre qu'elle manifeste sa puissance par le mouvement très réel, qu'elle imprime à notre activité, elle demeure toujours dans le champ de notre observation psychologique. Pas n'est besoin pour l'apercevoir de faire en toute rigueur scientifique, comme le fit de nos jours l'auteur de *l'Action*, l'inventaire de nos richesses intérieures, un simple coup d'œil y suffit. « Or bien que l'estat de nostre nature humaine ne soit pas maintenant doué de la santé et droitture originelle que le premier homme avoit en sa création, et qu'au contraire nous soyons grandement depravés par le peché, si est ce toutefois que la *sainte inclination* d'aymer Dieu sur toutes choses *nous est demeurée*, comme aussi la lumière naturelle par laquelle nous connoissons que sa souveraine bonté est aymable sur toutes choses ; et n'est pas possible qu'un homme pensant attentivement en Dieu, voire mesme par le seul discours naturel, ne ressente un *certain eslan d'amour* que la secrette inclination de nostre nature suscite au fond du cœur, par lequel, a la premiere apprehension de ce premier et souverain object, la volonté est prevenüe et se sent excitee a se complaire en iceluy » (1). Et cet « eslan d'amour » se manifeste à notre conscience par des aspirations chaque jour plus pressantes : il s'accroît en effet au fur et à mesure que par le progrès de son action l'homme acquiert un sentiment plus vif de l'écart, qui existe entre ses volontés successives et sa volonté nécessairement voulue.

2. *Définie.* — D'autre part, la même expansion de sa vie lui montre davantage à chaque étape que son « vouloir fondamental » n'est pas orienté vers le *n'importe quoi,* mais vers une fin, vers un bien nettement défini. Vers ce but nous mène donc une inclination également *définie.* C'est à cause de cela (2) qu'elle peut à juste titre nous servir de norme pour juger la valeur des biens, auxquels nos désirs risquent de nous attacher. Tout attrait, en qui elle ne trouve pas convenance, harmonie et complaisance est condamné, toute solution, qui ne répond pas à ses vœux est éliminée, car l'un et l'autre sont par là même reconnus en désaccord avec les orientations essentielles de notre nature.

3. *Indestructible.* — L'inclination n'étant au fond que la manifestation de ces dernières, demeure comme elles *indestructible.* Saint François de Sales en témoigne au moyen d'un gracieux exemple : « Entre les perdrix, dit-il, il arrive souvent que les unes desrobbent les œufs des autres affin de les couver soit pour l'avidité qu'elles ont d'estre meres, soit pour leur stupidité qui leur fait mesconnoistre leurs œufs propres. Et voyci chose estrange, mais neanmoins bien tesmoi-

---

(1) *Traitté,* liv. I, ch. 16, — t. IV, p. 78.
(2) Nous le verrons au chapitre suivant.

gnée, car le perdreau qui aura esté esclos et nourri sous les aysles d'une perdrix estrangere, au premier reclam qu'il oyt de sa vraye mere qui avoit pondu l'œuf duquel il est procédé, il quitte la perdrix larronnesse, se rend a sa premiere mere et se met a sa suite, par la correspondance qu'il a avec sa premiere origine... » (1). De la même manière ne disparaît jamais de notre âme l'aspiration profonde, qui lui fait rechercher le souverain Bien. Elle y engendre l'inquiétude et le remords aux jours d'égarement, aux jours où nous nous écartons du chemin qui conduit vers le but, auquel bon gré mal gré nous sommes ordonnés.

Sans doute, elle peut demeurer longtemps assoupie ; mais elle se réveillera nécessairement quand les circonstances ramèneront notre pensée vers Dieu. Alors, notre penchant vers sa Divinité reparaîtra plus vif que jamais, comme reparaît chez le perdreau de saint François de Sales « la correspondance qu'il a avec sa première origine : correspondance toutefois qui ne paroissoit point ; ains fut demeuree secrette, cachee et comme dormante au fond de sa nature, jusques a la rencontre de son object, que soudain excitee, et comme resveillee, elle fait son coup et pousse l'appetit du perdreau à son premier devoir. Il en est de mesme, Theotime, de nostre cœur : car quoy qu'il soit couvé, nourri et eslevé emmi les choses corporelles, basses et transitoires et par manière de dire, sous les aysles de la nature, neanmoins, au premier regard qu'il jette en Dieu, à la premiere connoissance qu'il en reçoit, la naturelle et premiere inclination d'aymer Dieu, qui estoit comme assoupie et imperceptible, se resveille en un instant, et a l'improuveu paroist, comme une estincelle qui sorte

(1) *Traitté*, liv. I, ch. 16, — t. IV, p. 78, 79.

d'entre les cendres, laquelle touchant nostre volonté, luy donne un eslan de l'amour supreme deu au souverain et premier Principe de toutes choses » (1).

Sous quelque forme, qu'elle revête alors, cette inclination exprime le souhait d'une « âme naturellement chrétienne » (2). Il en est ainsi de la tendance à l'infini que saint François de Sales invoque sous l'aspect d'un « interminable desir de sçavoir » (3) ; il en est ainsi de la « naturelle inclination d'aymer Dieu sur toutes choses ». Les exigences de notre âme demeurent toujours inassouvies, parce que, aspirant à la possession du bien suprême, elles ne peuvent trouver leur repos qu'en Dieu (4).

*
* *

§ II. *Vue dynamique.* — Nous venons d'apercevoir les qualités essentielles de l'inclination motrice de notre vie intellectuelle et morale ; mais comme toute force, comme toute tendance orientée, cette inclination sera mieux connue par l'examen de son origine, de sa force d'expansion et de son but.

1. *Origine.* — Réelle, définie, indestructible et incoercible, elle ne peut naître que d'une *aptitude* également réelle, définie, indestructible et incoercible, sise au sein de notre nature et principe du développement progressif de son action. Une telle aptitude possède tous les caractères de ce que les anciens ont appelé d'une façon très suggestive une raison sémi-

---

(1) *Traitté*, liv. I, ch. 16, — t. IV, p. 79.

(2) Cf. TERTULLIEN, *Apologie*, ch. XVII, édit. Migne, P. L., t. I, col. 377.

(3) *Traitté*, liv. I, ch. 15, — t. IV, p. 76.

(4) Cf. S. THOMAS, *Sum. theol.*, Ia, IIae, q. II, art. 8, in c. édit. de Parme, t. II, p. 12 : « Objectum autem voluntatis, quae est appetitus humanus, est universale bonum, sicut objectum intellectus est universale verum. Ex quo patet quod nihil potest *quietare* voluntatem hominis nisi bonum universale ; quod non invenitur in aliquo creato, sed *solum in Deo.* »

nale (λόγος σπερματικός). Nous avons montré ailleurs (1) la réalité et l'importance des raisons séminales. Qu'il nous suffise de dire ici qu'elles sont des sources d'énergie essentiellement orientée « principes de la science comme de l'action qui sont en quelque sorte les semences des vertus intellectuelles et morales en tant que dans la volonté réside un naturel désir du bien » (2).

Elles ne sont pas innées en acte et elles peuvent demeurer assoupies, puissances passives, comme on l'a vu de « l'inclination naturelle d'aymer Dieu sur toutes choses ». Mais à la manière de « l'appetit du perdreau », dès qu'elles ont été éveillées, rien n'arrête plus leur nécessaire expansion. Leur réaction, comme toute réaction vitale, est supérieure de beaucoup à l'action qui l'a provoquée : de là ce progrès illimité de nos aspirations, qui tendent à l'infini du Vrai et du Bien.

Les raisons séminales constituent donc cette force

---

(1) Cf. *Les Deux aspects de l'Immanence et le Problème religieux* (Paris, 1908), ch. I, II, etc... Afin de préciser ce concept de « raisons séminales », il sera peut-être utile de rappeler quelques citations de saint Thomas à ce sujet. « Saint Thomas, en effet, soutient qu'il est nécessaire d'admettre dans les corps « des puissances actives et passives, principes des générations et mouvements naturels » *(S. theol.*, I p. q. CXV, art. 2, in c., *ibid.*, t. I, p. 440). — « Par l'œuvre des six jours, la nature, dit-il, a été faite de telle manière, que ses premiers éléments subsistent en eux-mêmes ; ces éléments à leur tour peuvent produire divers effets par leur action réciproque. C'est pourquoi il a fallu leur attribuer des puissances actives et passives, que saint Augustin appelle « *raisons séminales* ». (In II Sent., dist. XIII, q. I, art. 1, in c., *ibid.*, t. VI, p. 498). Ces puissances d'une part sont appelées « semences », parce que tous les développements sortent d'elles comme les fleurs et les fruits sortent de la graine ; et aussi parce que « tandis que les formes artificielles ne produisent pas de formes semblables à elles, les formes naturelles peuvent en produire de semblables à elles : elles ont donc la propriété de la semence et peuvent être appelées *séminales...* » *(ibid.)*. D'autre part, ces puissances sont appelées « raisons », « parce qu'en elles s'affirme et se réalise le plan de l'intelligence divine, comme dans l'œuvre de l'artiste on retrouve l'intention de l'artiste visant un but déterminé » (In II Sent. dist. XVIII, q. I, art. 2, ad 1um. *ibid.*, t. VI, p. 544). — Cf. *Les Deux Aspects*, p. 44, 45.

(2) Cf. S. Thomas, *Sum. theol.*, Ia, IIae, q. LXIII, art. 1, in c., *ibid.*, t. II, p. 218 : « ...In ratione hominis insunt naturaliter quaedam principia naturaliter cognita tam scibilium quam agendorum ; quae sunt quaedam *seminaria* intellectualium virtutum et moralium in quantum in voluntate inest quidam naturalis appetitus boni.., » Avant lui, Saint Augustin avait écrit, *de Trin*, lib. VIII, c. 3, n° 4, édit. Migne, P. L., t. XLII, col. 949 : « De bono dicere nequeamus aliud alio melius nisi esset *nobis impressa notio ipsius boni* secundum quod probaremus aliquid et aliud alii praeponeremus ».

vivante, dont le déploiement irrésistible se manifeste par des exigences semblables à elles. « L'âme ne possède pas seulement dans la raison, qui lui appartient nécessairement, l'aptitude et la mission d'arriver à une connaissance quelconque de Dieu, des rapports de la créature à Dieu et par conséquent de l'ordre moral fondé sur la loi divine. Elle possède encore d'une façon inamissible, comme appartenant à l'essence de la raison, une *force vivante*, une lumière, une vertu qui lui permet d'acquérir par elle-même cette connaissance, de sorte que cette force jusqu'à un certain degré se développe spontanément et se maintient dans son développement. Il y a donc une certaine connaissance de Dieu, une aptitude naturelle à l'esprit et qui se fait jour, dès que l'esprit commence à se développer » (1). — Mais il y a aussi en notre âme une aptitude à aimer Dieu et une tendance à l'aimer « qui lui sont aussi naturelles, que l'amour de soi-même et des autres êtres » (2) ; et l'auteur que nous citons, M.-J. Scheeben, n'hésite pas à ajouter « sa nature (de l'âme) serait antinaturelle, si elle n'avait en elle-même aucun *germe vivant* d'amour de Dieu » (3). En quoi il ne fait que traduire saint Thomas disant : « qu'aimer Dieu sur toutes choses est connaturel à l'homme » (4). Saint Thomas ajoute, il est vrai, que dans l'état actuel la nature déchue a besoin d'une grâce, qui la guérisse (4) ;mais cette *gratia sanans*

---

(1) Cf. M.-J. Scheeben, *Handbuch der catholischen Dogmatik*, Fribourg-en-Brisgau, 1878, liv. III, n° 521, t. II, p. 206.

(2) *Ibid.*, n° 522, t. II, p. 207.

(3) *Ibid.*

(4) *Sum. theol.*, Ia, IIae, q. CIX, art. 3, in c., édit. de Parme, t. II, p. 430 : «Diligere autem Deum super omnia est quiddam connaturale homini ».

(4) *Ibid.*, p. 431 : « Unde homo in statu naturae *integrae* dilectionem sui ipsius referebat ad amorem Dei sicut ad finem et similiter dilectionem omnium aliarum rerum ; et ita *Deum diligebat plus quam seipsum et super omnia*. Sed in statu naturae *corruptae* homo ad hoc deficit secundum appe-

ne fait en réalité que guérir les blessures reçues au jour de la chûte par la nature humaine, laquelle *en soi* est demeurée capable de cet amour suprême.

Dieu l'a voulu ainsi puisqu'il a « luy-mesme planté dans le cœur de l'homme une spéciale inclination naturelle, non seulement d'aymer le bien en général, mays d'aymer en particulier et sur toutes choses sa divine bonté qui est meilleure et plus aymable que toutes choses » (1).

2. *Force d'expansion.* — Mais pourquoi cette inclination est-elle impérieuse au point de ne pas laisser en repos l'âme humaine ? Parce que, selon saint François de Sales, elle est sans cesse tenue en éveil par une triple cause : la *sympathie* naturelle que nous éprouvons pour la divinité, le *désir* de trouver en elle la perfection qui nous manque, l'*espérance* d'être pris par elle en une union d'amour.

La *sympathie*, « douce esmotion de cœur » que l'homme sent sitôt qu'il pense « un peu attentivement à la divinité » (2), naît de notre ressemblance avec cette dernière. Elle nous fait souhaiter de nous en approcher davantage, afin de la mieux connaître et de la mieux aimer. « Ce playsir, cette confiance que le cœur humain prend naturellement en Dieu, ne peut certes provenir que de la convenance qu'il y a entre cette divine Bonté et notre ame : convenance grande mais secrette ; convenance que chacun connoist, et que peu de gens entendent ; convenance qu'on ne peut nier, mais qu'on ne peut bien penetrer.

---

titum voluntatis rationalis, quae propter corruptionem naturae sequitur bonum privatum, nisi *sanetur* per gratiam Dei.

» Et ideo dicendum est quod homo in statu naturae integrae non indigebat dono gratiae superadditae naturalibus donis ad diligendum Deum *naturaliter* super omnia, licet indigeret auxilio Dei ad hoc eum moventis ; sed in statu naturae corruptae indiget homo etiam ad hoc auxilio *gratiae naturam sanantis* ».

(1) *Traitté*, liv. I, ch. 16, — t. IV, p. 77.

(2) *Ibid.*, liv. I, ch. 15, — t. IV, p. 74.

Nous sommes creés a l'image et *semblance* de Dieu : qu'est-ce à dire cela, sinon que nous avons une extreme convenance avec sa divine Majesté ? » (1).

« Mais, outre cette convenance de similitude, il y a une *correspondance* nompareille entre Dieu et l'homme pour leur réciproque perfection ; non que Dieu puisse recevoir quelque perfection de l'homme, mais parce que, comme l'homme ne peut estre perfectionné que par la divine Bonté, aussi la divine Bonté ne peut bonnement si bien exercer sa perfection hors de soy qu'à l'endroit de nostre humanité : l'une a grand besoin et grande capacité de recevoir du bien et l'autre a grande abondance et grande inclination pour en donner. Rien n'est si a propos pour l'indigence qu'une liberale affluence, rien si aggreable à une liberale affluence qu'une nécessiteuse indigence ; et plus le bien a d'affluence, plus l'inclination de se respandre et communiquer est forte, plus l'indigent est nécessiteux plus il est avide de recevoir, comme un vuide de se remplir. C'est donq un doux et desirable rencontre que celuy de l'affluence et de l'indigence... » (2).

Or, il ne faut pas à l'homme une longue réflexion pour entrevoir cette « correspondance nompareille ». Son cœur la devine spontanément, puisque « si quelque accident espouvante nostre cœur, soudain il recourt à la Divinité, advoüant que quand tout luy est mauvais, elle seule luy est bonne et que quand il est en peril, elle seule, comme son souverain bien, le peut sauver et garentir » (3). De tout cela jaillit un *désir* de Dieu sans cesse avivé par le sentiment de notre indigence.

(1) *Traité*, liv. I, ch. 15, — t. IV, p. 74.
(2) *Ibid.*, liv. I, ch. 15, — t. IV, p. 75.
(3) *Ibid.*, t. IV, p. 74.

Enfin, ce désir s'accompagne encore d'une *espérance* entretenant « l'inclination naturelle d'aymer Dieu sur toutes choses ». C'est que, nous dit saint François de Sales, cette inclination, qui nous est « un indice et memorial de nostre premier Principe et Createur, a l'amour duquel elle nous incite » (1), est le « signe de sa grâce perdue » (2). Qu'est-ce à dire sinon qu'en l'état « de santé et droitture originelle » (3), l'âme humaine gratifiée en fait d'énergies surnaturelles put pratiquer l'amour de Dieu au-dessus de toutes choses et en goûter la douceur ; — que nos énergies naturelles participèrent nécessairement à cette opération sublime, dont elles sont par elles-mêmes incapables ; — et que de cette collaboration il est résulté pour elles un accroissement d'orientation vers Dieu.

Or, au jour de la chûte originelle, cet accroissement, qui donne tant de vivacité à notre « inclination d'aymer Dieu sur toutes choses », ne fut point enlevé à cette dernière ; et c'est pour cela que saint François de Sales l'appelle « signe de la grâce perdue », que Dieu n'a pas voulu nous ôter, car, « selon les entrailles de sa miséricorde, il ne nous voulut pas du tout ruiner... » (4). Seulement, elle nous reste, comme chez un homme ruiné persistent certains penchants, que l'usage de la richesse a développés (5) et dont la non-satisfaction fait plus cruellement éprouver l'amertume de l'indigence actuelle. Elle s'accompagne, en effet, d'un sentiment d'impuissance parce que sa mise

(1) *Traitté*, liv. I, ch. 18, — t. IV, p. 84.

(2) *Ibid.*, t. IV, p. 83.

(3) *Ibid.*, liv. I, ch. 16, — t. IV, p. 78.

(4) *Ibid.*, liv. I, ch. 18, — t. IV, p. 83.

(5) Cf. Bossuet, *Sermon pour la Fête de l'Annonciation*, édit. Lebarq, t. III, p. 429, Paris 1891 : « De ce grand et épouvantable débris où la raison humaine ayant fait naufrage, a perdu tout à coup toutes ses richesses, et particulièrement la vérité pour laquelle Dieu l'avait formée, il est resté dans l'esprit des hommes un désir vague et inquiet d'en découvrir quelques vestige.... »

en plein exercice dépasse les forces de « nostre cheftive nature navrée par le péché » (1).

Cependant à cette impression douloureuse se joint comme le pressentiment que nos aspirations peuvent être satisfaites ; que, si le souverain Bien est absent, il nous est possible (avec le secours divin), d'entrer quelque jour en sa possession.

Cette inclination, par cela même qu'elle est une « belle marque de nostre origine » (2), devient donc également « *un indice* » (3), qui éclaire notre ignorance toujours prête, sous la poussée de notre souhait de bonheur immédiat, à se laisser captiver par les biens d'ici-bas, — et un « *memorial* » (4), qui oriente notre espérance, puisqu'elle nous donne « un secret advertissement que nous appartenons à sa divine Bonté » (5), et que nous pouvons retourner à elles.

En résumé, considérée comme signe de la grâce perdue, « l'inclination naturelle d'aymer Dieu sur toutes choses » nous enseigne que l'homme est dans un état qui résulte de la perte d'un don initial ; elle nous rappelle qu'en vertu d'une possession antérieure, gratuite, accidentelle, surajoutée sans doute mais réelle, s'est accentuée en nous à l'égard de ce don « une capacité et une convenance » (6), à le recevoir de nouveau ; — elle nous fait constater que notre opulence passée concourt à nous empêcher désormais de trouver notre parfait équilibre en notre nature, parce qu'il nous reste des traces, « un indice et un mémorial », dont nous ne savons point par nous-mêmes interpréter toute la signification, mais qui *de fait*

(1) *Traitté*, liv. I, ch. 17, — t. IV, p. 82.
(2) *Ibid.*, t. IV, p. 85.
(3) *Ibid.*, t. IV, p. 84.
(4) *Ibid.*
(5) *Ibid.*
(6) Cf. Encycl. *Pascendi gregis*, édit. des Quest. Act., p. 57.

excitent notre aspiration vers un bien pour lequel nous sommes faits, auquel nous sentons confusément que nous appartenons, — et vers lequel nous devons nous élever sans cesse ; — enfin, elle avive en nous le sentiment de notre impuissance à l'atteindre. Dès lors, nous comprenons mieux pourquoi arrivés au bout de nous-mêmes nous avons encore du mouvement pour aller plus haut, et pourquoi apparaît si exigeant le besoin d'un secours, qui nous le permette.

3° *But.* — En effet, si cette « inclination d'aymer Dieu sur toutes choses » par sa triple source — *ressemblance* naturelle avec notre Créateur, *correspondance* naturelle à sa divine affluence, *signe de la grâce perdue* — est en nous comme une « belle marque de nostre origine » (1), elle est aussi une *marque de notre destinée.*

La fin d'un être, son rôle dans l'harmonie universelle, le degré de perfection auquel il peut et doit prétendre, n'est-il pas découvert par l'étude même de ses énergies essentielles ? (2) — Si donc à la racine de notre « inclination naturelle d'aymer Dieu sur toutes choses » nous constatons l'existence d'une aptitude réelle, définie, indestructible, dont la force d'expansion nous entraîne d'une manière irrésistible vers son objet infini, ne sommes-nous pas amenés à conclure sans hésitation qu'en l'épanouissement suprême de cette aptitude réside notre fin ? — Nous le sentons à cette joie et complaisance toujours croissante à mesure que l'effort de notre activité nous en

---

(1) *Traité*, liv. I, ch. 18, — t. IV, p. 85.

(2) Cf. M. J. Scheeben, ouv. cit., liv. III, n° 586, t. II, p. 236 : « Quant à la mesure de cette consommation définitive et à la manière dont elle doit se réaliser en tant qu'elle est requise par la destinée naturelle, il faut évidemment les déterminer et par les aspirations de la nature vers son perfectionnement et par ses forces actives essentielles : la consommation doit se présenter comme le développement complet et continu de ces forces ou du germe qu'elles contiennent. Rien, en effet, ne peut être *destiné par nature* à une chose qui ne le peut faire ou atteindre par sa nature ».

rapproche. Celle-ci nous conquerra le bonheur lorsque, en son terme, trouvera pleine satisfaction l'inclination qui est à son point de départ.

Voilà comment, par voie d'analyse, saint François de Sales apporte une solution au *problème de la destinée* : *D'où venons-nous ? Qui sommes-nous ? Où allons-nous ?* — Nous allons à Dieu, parce que nous venons de Dieu et qu'Il nous a faits à son image suivant la loi de toute causation, *Onne agens agit simile sibi*

Telle est la source « de la convenance qu'il y a entre cette divine Bonté et nostre ame » (1). Et « cette convenance de similitude », à laquelle s'ajoute « une correspondance nompareille entre Dieu et l'homme » (2), engendre l'orientation foncière de notre nature, qui par un juste retour s'adapte au souverain Bien et nous le fait aimer avec les fibres les plus intimes de notre cœur. Aussi selon le vœu de toute sympathie, nous aspirons nécessairement à nous rapprocher de Lui afin d'entrer en sa possession autant que cela nous est possible. A ses attraits, nous ne pouvons nous dérober, car « la connoissance naturelle de la Divinité produit infailliblement l'inclination et tendance à l'aymer plus que nous mesme » (3).

Elle est notre fin : en sa conquête seule nous obtiendrons le repos de la béatitude « *Fecisti nos ad te, Domine, et inquietum est cor nostrum donec requiescat in te* » (4).

---

(1) *Traitté*, liv. I, ch. 15, — t. IV, p. 74.

(2) *Ibid.*, t. IV, p. 75.

(3) *Ibid.*, liv. X, ch. 10, — t. V, p. 202.

(4) SAINT AUGUSTIN, *Confess*, liv. I, c. I, édit. Migne, P. L., t. XXXII, col. 661.

CHAPITRE II

LE MOUVEMENT DE L'AME ET LA RÈGLE DE LOGIQUE MORALE

SOMMAIRE. — 1° Source de ce mouvement. — 2° Son progrès. — 3° Sa norme pratique : *a)* à la lumière de la raison ; — *b)* à la lumière de l'expérience.

En fait, nous ne possédons pas ce souverain Bien, vers lequel se tendent nos énergies constitutives. De plus, notre chemin est semé d'obstacles dus à de déplorables illusions. Nous sommes victimes d'incohérences et de contradictions entre les fins secondaires, que notre cœur « couvé, nourri, et eslevé emmi les choses corporelles, basses et transitoires » (1) poursuit au jour le jour, et la fin ultime, de laquelle nous ne pouvons détourner notre volonté fondamentale. Celle-ci, en effet, ne se résigne pas à s'arrêter en son mouvement continu d'ascension.

Mais ce mouvement, d'*où procède-t-il* ? — *Comment* progresse-t-il ? — *Quelle loi* en régit l'évolution ?

1. *Source du mouvement.* — Sans doute notre cœur est travaillé par une continuelle inquiétude et dans ses premières démarches il ne sait trop où se diriger afin de sortir d'ennui. Mais sous la pression de cette souffrance il se met en route cependant. « Par un

(1) *Traitté*, liv. I, ch. 16, — t. IV, p. 79.

profond et secret instinct », il « tend en toutes ses actions et pretend à la félicité » (1), seulement il « la va cherchant ça et la, comme a tastons, sans sçavoir toutefois ni ou elle reside ni en quoy elle consiste » (2).

Ce départ semble donc l'œuvre d'une cause efficiente, d'une énergie comprimée, qui aspire à un déploiement harmonieux. Mais pour cela il faut qu'elle soit libérée de l'angoisse des ténèbres.

Où trouvera-t-elle lumière et direction ?

Dans son premier effort lui-même, car il ne tardera pas à l'amener en présence du bien. « La volonté donques appercevant et sentant le bien par l'entremise de l'entendement qui le luy presente, ressent a mesme tems une soudaine delectation et complaisance en ce rencontre, qui l'esmeut et incline, doucement mays puissamment, vers cet object aymable, affin de s'unir a luy ; et pour parvenir à cette union elle luy fait chercher tous les moyens plus propres » (3).

Désormais, ce sera l'attrait du bien comme *cause finale*, qui selon saint François de Sales, conditionnera la mise en branle de nos énergies. Nous en avons signalé la raison profonde dans une convenance essentielle de notre volonté avec le bien. « La volonté a une si grande convenance avec le bien, que tout aussi tost qu'elle l'apperçoit elle se tourne de son costé pour se complaire en iceluy comme en son object tres aggreable, auquel elle est si estroitement alliee que mesme l'on ne peut declarer sa nature que par le rapport qu'elle a avec iceluy, non plus qu'on ne sçauroit monstrer la nature du bien, que par l'alliance qu'il a avec la volonté. Car, je vous prie, Theotime,

(1) *Traitté*, liv. II, ch. 15, — t. IV, p. 138.
(2) *Ibid.*
(3) *Ibid.*, liv. I, ch. 7, — t. IV, p. 40 et 41.

qu'est-ce que le bien sinon ce que chacun veut ? et qu'est-ce que la volonté sinon la faculté qui porte et fait tendre au bien ou a ce qu'elle estime tel » (1).

Cette première constatation de l'harmonie naturelle de notre âme avec le Bien, qui l'attire comme « l'aymant » attire le fer, provoque en nous un sentiment de sympathie, d'où naît la complaisance, puis l'amour. Or, l'amour est le véritable *moteur* de notre activité : « Disons ainsy : le bien empoigne, saisit et lie le cœur par la complaysance, mays par l'amour il le tire, conduit et amene a soy ; par la complaysance il le fait sortir, mays par l'amour il luy fait faire le chemin et le voyage ; la complaysance, c'est le resveil du cœur, mays l'amour en est l'action ; la complaysance le fait lever, mays l'amour le fait marcher ; le cœur estend ses aisles par la complaysance, mais l'amour est son vol. L'amour donques, a parler distinctement et precisement n'est autre chose que le mouvement, escoulement et avancement du cœur envers le bien » (2).

2. *Progrès du mouvement.* — Mais lorsque l'amour l'entraîne de la sorte, notre âme est parfois exposée à s'attacher à de faux biens. L'illusion est facile ; d'autant plus que nous sommes agités de désirs incompatibles entre eux « comme quand un malade desire de manger des potirons ou melons, et quoy qu'il en ait a son commandement, il ne veut neanmoins pas en manger, parce qu'il craint d'empirer son mal ; car qui ne void deux desirs en cet homme, l'un de manger des potirons et l'autre de guerir ! mays parce que celuy de guerir est plus grand, il estouffe et suffoque l'autre, l'empeschant de produire aucun

---

(1) *Traitté*, liv. I, ch. 7, — t. IV, p. 40.
(2) *Ibid.*, t. IV, p. 42, 43.

effect » (1). Et cette immolation ne va pas sans souffrance.

De même « nous experimentons tous les jours d'avoir plusieurs volontés contraires. Un père, envoyant son filz ou en la cour ou aux estudes, ne laisse pas de pleurer en le licenciant, tesmoignant qu'encore qu'il veuille selon la portion superieure le despart de cet enfant pour son avancement a la vertu, neanmoins selon l'inferieure il a de la repugnance a la separation ; et quoy qu'une fille soit mariee au gré de son pere et de sa mere, si est ce que prenant leur benediction elle excite les larmes, en sorte que la volonté superieure acquiesçant a son despart, l'inferieure monstre de la resistance. Or ce n'est pas pourtant a dire qu'il y ait en l'homme deux ames et deux natures comme pensoient les Manichéens. « Non », dit saint Augustin, livre huitiesme de ses *Confessions*, chapitre dixiesme, « ains la volonté, allechee par divers attraitz, esmeüe par diverses raysons, semble estre divisee en soy mesme, tandis qu'elle est tiree de deux costés, jusques a ce que prenant parti selon sa liberté, elle suit l'un ou l'autre ; » car alhors la plus puissante volonté surmonte, et gaignant le dessus, ne laisse a l'ame que le ressentiment du mal que le debat luy a fait, que nous appelons contre-cœur » (2).

Ce n'est donc qu'au prix d'un sacrifice et d'un retranchement que l'âme se libère de l'attrait des faux biens, après avoir reconnu la vanité de ce qu'elle désirait. Malgré le charme du principe d'amour qui la meut, et qui l'enchante par une espérance de bonheur parfait, elle ne progresse point dans la vertu par des « routes ombrageuses, gazonnées et doux

---

(1) *Traitté*, liv. I, ch. 7, — t. IV, p. 45, 46.
(2) *Ibid.*, liv. I, ch. 11, — t. IV, p. 64, 65.

fleurantes ». L'amour d'ailleurs, est toujours besogneux chez l'homme. Jamais, il ne se repose en la pleine possession de son objet. Cependant, cet objet le tient sans cesse en éveil, car même à travers les biens passagers, qui nous trompent et nous séduisent un instant, il se laisse entrevoir et transparait comme certaines clartés révèlent la présence du soleil derrière les nuages qui le cachent à nos yeux.

C'est vers cette clarté que notre âme se tourne comme l'aiguille marine vers sa belle étoile. Tant que nous cinglerons vers elle, mus par l'amour du bien, nous serons dans la bonne direction. Telle est, en effet, la loi que saint François de Sales propose à notre activité : l'amour par la complaisance, qu'il éveille, gouverne « toutes les facultés et affections de l'ame... avec une douceur nompareille ; car l'amour n'a point de forçatz ni d'esclaves, ains reduit toutes choses a son obeissance avec une force si delicieuse, que, comme rien n'est si fort que l'amour, rien n'est si aymable que sa force » (1).

3. *La norme pratique.* — L'amour sera donc la *règle de la logique morale*, directrice de l'effort humain « parce que Dieu ayant creé l'homme a son image et semblance, veut que, comme en luy, tout y soit ordonné par l'amour et pour l'amour » (2).

Mais comment saurons-nous que nous sommes dans le sillage du bel amour ? Comment discerner parmi tant de voies qui s'ouvrent devant nous celle qui conduit vers ce Bien, que nous voulons d'une manière spontanée, incoercible et nécessaire ? Sollicités par mille complaisances secrètes, poussés par mille désirs qui réclament satisfaction, nous avons besoin d'un *criterium* qui détermine notre choix.

---

(1) *Traitté*, liv. I, ch. 6, — t. IV, p. 39.
(2) *Ibid.*, t. IV, p. 40.

Saint François de Sales le trouve en cette convenance qui « produit la complaysance que la volonté ressent a sentir et appercevoir le bien » (1). Mais, nous l'avons vu, il y a de faux biens, qui risquent de séduire notre volonté. Comment les reconnaître ? — *a) A la lumière de la raison.* — A la *lumière de la raison* d'abord. Celle-ci nous rappelle que l'homme est « d'une nature moyenne entre les Anges et les bestes, participant de la nature angélique en sa partie intellectuelle et de la nature bestiale en sa partie sensitive ; et que neanmoins il pouvoit, par l'exercice de sa vie et par un continuel soin de soy mesme s'oster et deloger de cette moyenne condition ; d'autant que, s'appliquant et exerçant beaucoup aux actions intellectuelles, il se rendoit plus semblable aux Anges qu'il ne l'estoit aux bestes ; que s'il s'appliquoit beaucoup aux actions sensuelles, il descendoit de sa moyenne condition et s'approchoit de celle des bestes » (2).

Le vrai bien de l'âme est donc l'ascension vers une perfection toujours plus haute par la culture de ses aspirations les plus nobles, parce que les plus humaines et partant les mieux en harmonie avec les convenances et les exigences foncières de notre nature. C'est pourquoi la conscience morale ou raison pratique nous ordonne de nous garder contre les passions, qui peuvent arrêter ou détruire l'élan du véritable amour : « elles ne sont pas ni l'amour ni partie de l'amour, ains sont des excremens et superfluités d'iceluy, lesquelles non seulement ne sont pas prouffitables pour maintenir ou perfectionner l'amour, mais au contraire l'endommagent grandement, l'affoi-

(1) *Traitté*, liv. I, ch. 7, — t. IV, p. 41.
(2) *Ibid.*, liv. I, ch. 10, — t. IV, p. 57.

blissent, et en fin finale, si on ne les retranche, le ruinent tout a fait » (1).

Mais ces tendances indisciplinées, qui parfois tiennent en échec notre inclination souveraine « au grand prejudice du bon estat et police de nos ames » (2), de quel droit les sacrifiera-t-on ? — Ne jaillissent-elles pas, elles aussi, de notre propre fonds et ne trahissent-elles pas des poussées nécessaires de notre énergie constitutive ?

Elles appartiennent, il est vrai, à notre nature « et c'est affin d'exercer nos volontés en la vertu et vaillance spirituelle que cette multitude de passions est laissee en nos ames » (3). — Elles peuvent en outre apporter à notre action un concours efficace. « O homme », dit saint Bernard, « il est en ton pouvoir, si tu veux, de faire que ton ennemi soit ton serviteur, en sorte que toutes choses te reviennent a bien ; *ton appetit est sous toy, et tu le domineras* » (4).

Cette entreprise n'est pas l'œuvre d'un jour et même elle n'est jamais achevée, car « en somme, cet appetit sensuel est a la verité un sujet rebelle, seditieux, remuant ; et faut confesser que nous ne le sçaurions tellement desfaire qu'il ne s'esleve, qu'il n'entreprenne et qu'il n'assaille la rayson » (5). Il « a douze mouvemens, par lesquelz, comme par autant de capitaines mutinés, il fait sa sedition en l'homme » (6). Ainsi égoïstes, comme elles sont, les passions tentent de détrôner la volonté. Elles deviennent des causes de dissipation, d'affaiblissement, de dissolution. Elles nuisent donc au progrès de notre action, et cela les

---

(1) *Traitté*, liv. I, ch. 10, — t. IV, p. 55.
(2) *Ibid.*, liv. I, ch. 3, — t. IV, p. 32.
(3) *Ibid.*, t. IV, p. 30.
(4) *Ibid.*, t. IV, p. 29.
(5) *Ibid.*
(6) *Ibid.*

condamne. — D'ailleurs, le malaise qu'elles engendrent en nous avec l'anarchie intérieure est insupportable à notre besoin d'ordre et de beauté morale. Il nous faut dépasser cet état d'émiettement, car l'expérience nous a appris, que toutes nos activités fécondes procèdent par synthèses de plus en plus riches ramenant à l'unité la multiplicité de nos efforts.

Cependant, — puisque les tendances passionnées sont parfois si tyranniques et si puissantes, qu'elles réussissent à suborner l'âme toute entière, — ne pourrait-on pas leur concéder l'hégémonie et les prendre comme centre de notre synthèse vitale ? A ce prix, trouverions-nous peut-être enfin la paix ? — Illusion. L'expérience et la raison nous disent assez que la promesse des passions est trompeuse. A peine sont-elles en possession de leur objet que survient le désenchantement. Saint François de Sales le fait remarquer : « Si que l'amour animal, qui pretend par l'union qu'il fait a la chose aymee de combler et perfectionner sa complaisance, treuvant qu'au contraire il la destruit en la terminant, demeure grandement desgousté de telle union : qui a fait dire au grand Philosophe, que presque tout animal, apres la jouissance de son plus ardent et pressant playsir corporel demeuroit triste, morne et estonné, comme un marchand qui, ayant pensé gaigner beaucoup, se treuve trompé et engagé dans une rude perte » (1).

L'âme alors ressent plus que jamais la nécessité de concentrer ses forces en vue de conquérir l'objet suprême de ses aspirations. Elle veillera donc à ne pas éparpiller ses ressources en divisant sa puissance d'aimer. « Nous avons trois sortes d'actions amoureuses : les spirituelles, les raysonnables et les sen-

(1) *Traité*, liv. I, ch. 10, — t. IV, p. 61, 62.

suelles ; quand l'amour escoule sa force par toutes ces trois operations, il est sans doute plus estendu, mais moins tendu, et quand il ne s'escoule que par une sorte d'operations, il est plus tendu, quoy que moins estendu. Ne voyons-nous pas que le feu, symbole de l'amour, forcé de sortir par la seule bouche du canon, fait un esclat prodigieux, qu'il ferait beaucoup moindre s'il avait ouverture par deux ou trois endroitz ? Puis donq que l'amour est un acte de nostre volonté, qui le veut avoir non seulement noble et genereux, mais fort, vigoureux et actif, il en faut retenir la vertu et la force dans les limites des operation spirituelles ; car qui voudrait l'appliquer aux operations de la partie sensible ou sensitive de nostre ame, il affoibliroit d'autant les operations intellectuelles, esquelles, toutefois, consiste l'amour essentiel » (1).

b) A la lumière de l'expérience. — Il existe donc une hiérarchie entre les buts qui sollicitent notre activité. Mais *la raison seule* ne suffit pas à nous faire reconnaître celui qui répond en définitive au vœu de notre vraie volonté. L'expérience ou mieux *la pratique*, intervient à son tour pour nous instruire : par le *degré de complaisance* que nous éprouvons lorsque nous réussissons à les atteindre, elle nous fait apprécier la valeur des objets, auxquels s'attache notre cœur. Cette complaisance, en effet, se mesure à leur degré de convenance avec les souhaits profonds de notre âme.

De cette manière, la logique morale nous découvre la misère des amours sensuelles, qui n'engendrent que désenchantement et tristesse ; elle en montre l'insuffisance et nous amène à les traverser pour nous

(1) *Traité*, liv. I, ch. 10, — t. IV, p. 56, 57.

élever jusqu'aux amours spirituelles en lesquelles les affections sont « vives, subsistantes et permanentes ». « ... L'amour est comme le feu duquel plus la matière est délicate, aussi les flammes en sont plus claires et belles, et lesquelles on ne sçauroit mieux esteindre qu'en les deprimant et couvrant de terre ; car de mesme, plus le sujet de l'amour est relevé et spirituel, plus ses actions sont vives, subsistantes et permanentes, et sçauroit-on mieux ruiner l'amour que de l'abbaisser aux unions viles et terrestres » (1).

Les amours inférieures, en effet, engendrent la souffrance : « Au contraire, l'amour intellectuel treuvant en l'union qu'il fait a son objet plus de contentement qu'il n'avoit esperé, y perfectionnant sa complaisance, il la continue en s'unissant et s'unit tousjours plus en la continuant » (2).

La joie de l'amour satisfait, le progrès de la complaisance, l'accroissement de la suavité goûtée dans l'action, parce qu'ils permettent ainsi de juger entre les attraits qui nous sollicitent, constituent *le norme de l'activité vertueuse.* Ne sont-ils pas, en effet, au dire de la psychologie, la récompense de toute expansion qui s'accomplit suivant les lois de la nature ? Leur charme exalte en l'âme humaine le désir de s'unir à son souverain Bien. Chacune des étapes de son ascension l'en rapproche, mais elle ne l'aperçoit pas encore sans nuages.

Elle est prête cependant à se donner à lui, dès qu'un suprême accroissement de complaisance le révélera sans doute possible. En fait, elle franchit ce dernier pas, lorsqu'une occasion attire sa pensée vers Dieu. « Si tost que l'homme pense un peu attentivement à la

---

(1) *Traitté,* liv. I, ch. 10, — t. IV. p. 61.
(2) *Ibid.*, t. IV, p. 62.

Divinité, il sent une certaine douce esmotion de cœur, qui tesmoigne que Dieu est Dieu du cœur humain ; et jamais nostre entendement n'a tant de playsir qu'en cette pensée de la Divinité, de laquelle la moindre connoissance, comme dit le prince des philosophes vaut mieux que la plus grande des autres choses comme le moindre rayon du soleil est plus clair que le plus grand de la lune ou des estoiles, ains est plus lumineux que la lune et les estoiles ensemble » (1). L'effet est soudain et définitif, car c'est « notre inclination naturelle d'aymer Dieu sur toutes choses » (2), qui trouve son objet.

A ce moment, l'amour qui entraîna la volonté, a déployé toute la force de son mouvement initial et reconnu de la sorte sa véritable fin. Mais jetant un regard sur tous les biens qu'en son voyage il a dépassés, il proclame leur insuffisance à le satisfaire. « Nostre ame donques, considerant que rien ne la contente parfaittement et que sa capacité ne peut estre remplie par chose quelconque qui soit au monde, voyant que son entendement a une inclination infinie de sçavoir tous-jours davantage et sa volonté un appetit insatiable d'aymer et treuver du bien, n'a-t-elle pas rayson d'exclamer : Ah ! donques je ne suis pas faite pour ce monde ! » (3)

Guidé par cet attrait défini, saint François de Sales faisant usage d'un procédé d'éminence autant que d'élimination amène l'homme non seulement à constater que les biens d'ici-bas ne peuvent satisfaire ses désirs, mais encore à mesurer leur valeur respective au regard du souverain Bien, dont ils nous font entre-

(1) *Traitté*, liv. I, ch. 15, — t. IV, p. 74.
(2) *Ibid.*, liv. I, ch. 16, — t. IV, p. 77.
(3) *Ibid.*, liv. I, ch. 15, — t. IV, p. 76.

voir la splendeur comme les rayons révèlent l'intensité de la source lumineuse.

Il a dégagé de la sorte le principe qui domine toute sa *logique morale* : un but s'impose à nous malgré nous car « ou que nous veuillions ou que nous ne veuillions nostre esprit tend au souverain bien » — « Mays qui est ce souverain bien ? » (1) — « L'inclination naturelle d'aymer Dieu sur toutes choses », dont les exigences deviennent la règle directrice de notre vie, nous Le désigne. En même temps elle nous apprend par quels effets de complaisance et d'amour nous arrivons à Le reconnaître et par quelle voie de complaisance et d'amour nous sommes conduits vers Lui. C'est qu'elle nous est demeurée comme le signe de la grâce perdue, « affin que le regardans et sentans en nous cette arriance et propension à l'aymer nous taschassions de ce faire » (2).

Dans quelles limites nous pouvons y réussir : c'est ce que nous allons voir maintenant en essayant de déterminer la fécondité de l'investigation philosophique unie à une pratique courageuse.

---

(1) *Traitté*, liv. II, ch. 15, — t. IV, p. 138.
(2) *Ibid.*, liv. I, ch. 18, — t. IV, p. 83.

CHAPITRE III

LE POINT D'ARRIVÉE ET NOS LIMITES

SOMMAIRE. — § I. *Les Faits* : 1° L'impasse. — 2° Résultats de l'investigation. — 3° Le recours à la pratique et l'assistance divine. — § II. *La Critique* : la position de saint François de Sales : 1° Sa légitimité. — 2° Comparaison avec saint Thomas : *a)* parallélisme ; — *b)* Saint Thomas ; — *c)* Saint François de Sales.

§ I. — *Les Faits.* — Tout le mouvement de notre vie est orienté vers Dieu, seul objet qui comblera notre souhait de béatitude : « l'inclination naturelle d'aymer Dieu sur toutes choses » sise au fond de notre être, le proclame en toute rigueur dès notre point de départ. Cette conviction est sans cesse renforcée par la complaisance et la joie, qui, récompensant notre progrès vers ce Bien suprême, nous le fait reconnaître au milieu des biens particuliers et avive ainsi notre désir d'union à la divine Bonté.

1° *L'impasse.* — Mais arrivés au terme de notre voyage dialectique et pratique, nous constatons que de nous-mêmes nous ne pouvons « exécuter cette si juste inclination » (1), parce que « nos espritz, animés d'une sainte inclination naturelle envers la Divinité ont bien plus de clarté en l'entendement pour voir combien elle est aymable, que de force en la volonté pour l'aymer : car le peché a beaucoup plus debilité la

(1) *Traitté*, liv. I, ch. 16, — t. IV, p. 77.

volonté humaine, qu'il n'a offusqué l'entendement, et la rebellion de l'appetit sensuel, que nous appellons concupiscence, trouble voirement l'entendement, mais c'est pourtant contre la volonté qu'il excite principalement la sedition et revolte ; si que la pauvre volonté, des-ja toute infirme, estant agitee des continuelz assautz que la concupiscence luy livre, ne peut faire un si grand progres en l'amour divin, comme la rayson et inclination naturelle luy suggèrent qu'elle devroit faire » (1).

C'est une vérité d'expérience. Saint François de Sales rappelle avec quelle persistance les hommes s'égarent en leurs recherches, même lorsqu'ils ont à leur disposition le double secours de la connaissance et de l'inclination. « Helas, Theotime, quelz beaux tesmoignages, non seulement d'une grande connoissance de Dieu, mays aussi d'une forte inclination envers iceluy, ont esté laissés par ces grans philosophes, Socrate, Platon, Trismegiste, Aristote, Hippocrate, Seneque, Epictete ! Socrate le plus loüé d'entr'eux connoissoit clairement l'unité de Dieu et avoit tant d'inclination à l'aymer que, comme saint Augustin tesmoigne, plusieurs ont estimé qu'il n'enseigna jamais la philosophie morale pour une autre occasion que pour espurer les espritz, affin qu'ilz peussent mieux contempler le souverain bien, qui est la tres unique Divinité. Et quant à Platon il se déclare asses en la celebre definition de la philosophie et du philosophe, disant que philosopher n'est autre chose qu'aymer Dieu, et que le philosophe n'estoit autre que l'amateur de Dieu. Que diray-je du grand Aristote, qui avec tant d'efficace appreuve l'unité de Dieu et en a parlé si honorablement en tant d'endroitz ?

(1) *Traitté*, liv. I, ch. 17, — t. IV, p. 80.

» Mais, o Dieu eternel ! ces granz espritz qui avoyent tant de connoissance de la Divinité et tant de propension à l'aymer, ont tous manqué de force et de courage a la bien aymer...

» N'est-ce pas grande pitié, Theotime, de voir Socrate au recit de Platon, parler en mourant des dieux, comme s'il y en avoit plusieurs, luy qui sçavoit si bien qu'il n'y en avoit qu'un seul ? N'est-ce pas chose deplorable que Platon ayt ordonné que l'on sacrifie à plusieurs dieux, luy qui sçavoit si bien la vérité de l'unité divine ? Et Mercure Trismegiste n'est-il pas lamentable, de lamenter et plaindre si laschement l'abolissement de l'idolatrie, luy qui en tant d'endroitz avoit parlé si dignement de la Divinité ? » (1)

Force nous est donc de conclure qu'*en fait* les hommes n'arrivent pas à mettre pleinement en pratique leur « inclination naturelle d'aymer Dieu sur toutes choses ». Abandonnée à ses seules forces, notre volonté ne monte pas bien haut : son vouloir n'est alors qu'un « avorton de la bonne volonté, qui n'a pas la vie de la genereuse vigueur requise pour en effect preferer Dieu a toutes choses : dont l'Apostre, parlant en la personne du pecheur, s'escrie : Le vouloir est bien en moy, mais je ne treuve pas le moyen de l'accomplir » (2).

Nous aboutissons donc à une *impasse* : d'une part, il est de toute évidence que nous possédons une inclination naturelle d'aymer Dieu sur toutes choses », notre volonté s'y porte de tout son élan ; — et d'autre part nous sommes incapables de faire un pas de plus.

2° *Résultats de l'investigation*. — Qu'avons-nous gagné dès lors à suivre saint François de Sales dar ;

(1) *Traitté*, liv. I, ch. 17, — t. IV, p. 80 et 81.
(1) *Ibid.*, liv. I, ch. 18, — t. IV, p. 82, 83.

l'analyse de notre aspiration foncière et de ses exigences ?

D'augmenter le sentiment de notre détresse ? Oui certes, et ce n'est pas un résultat méprisable, que d'empêcher un homme de s'endormir sur le chemin de sa destinée. — *D'aviver le sentiment d'inquiétude qui nous agite au point de départ* ? Oui encore, et ce sentiment nous rend le très utile service de flageller notre activité et de déployer jusque dans leur fond les énergies de nos aptitudes constitutives. — *D'accroître notre sentiment d'indigence, d'insuffisance personnelle* ? Oui de même, et ce sentiment d'*humilité*, en attirant nos yeux sur notre pauvreté réelle, nous débarrasse des fumées de l'orgueil, qui nous rendraient incapables de voir clairement notre route. Il nous avertit en même temps que notre science est bien courte, et notre force aussi. Par là, il nous prépare à recevoir d'autrui ce surcroît dont nous sentons l'absolu besoin en vue d'atteindre un but passionnément désiré.

Ces résultats, il est vrai, peuvent paraître plutôt *négatifs a parte objecti*, c'est-à-dire par rapport au terme vers lequel s'oriente toute notre activité ; mais ils entraînent avec eux des conséquences *très positives a parte subjecti*, c'est-à-dire par rapport aux dispositions de notre âme.

A mesure qu'elle nous fait ressentir plus vivement le besoin de cet idéal, qui seul nous donnera le repos et le bonheur, l'investigation philosophique nous le fait aimer et souhaiter avec une ardeur plus grande. Or, cet amour et ce souhait ont nécessairement pour effet de nous détacher des satisfactions égoïstes qui retardent notre marche vers ce bien idéal. Ils nous amènent à renoncer à nous-mêmes en sa faveur. Ils nous disposent par là, autant qu'il est en nous, à nous donner, à nous assimiler à lui, à recevoir de lui secours et assistance, si quelque jour il daigne nous les octroyer.

Telle est la préparation subjective que, par une adaptation préalable, résalise tout désir (1).

Or, ce secours tant désiré, nous pouvons l'attendre avec confiance, nous dit saint François de Sales : si le but est inaccessible à nos seules ressources, la tendance, qui entraîne notre âme vers lui, n'est pas une ironie de la nature, une aspiration vaine et inutile. Elle est comme une attache ou un « filet » dont Dieu se sert pour nous tirer à Lui, et surtout « elle nous est un indice et memorial de nostre premier Principe et Createur, a l'amour duquel elle nous incite, nous donnant un secret advertissement que nous appartenons à sa divine Bonté » (2).

3° *Le recours à la pratique et l'assistance divine.* — Seulement, la contemplation indéfinie et paresseuse de cet « *indice et memorial* » ne servirait de rien, si nous ne répondions à l'appel implicite qui y est contenu. Il est en nous comme un germe que doit féconder notre action. La pratique seule nous fera sortir de l'impasse, car elle est la condition *sine qua non* de l'évolution de toute aptitude constitutive.

Sa parfaite mise en valeur dépendra donc de notre bonne volonté à laquelle répondra nécessairement le concours de Dieu « car, comme ce divin Autheur et Maistre de la nature coopere et prèste sa main forte au feu pour monter en haut, aux eaux pour couler vers la mer, a la terre pour descendre en bas et y demeurer quand elle y est ; ainsy, ayant luy mesme planté dans le cœur de l'homme une spéciale inclination naturelle, non seulement d'aymer le bien en

(1) Cf. S. Thomas, *Sum. theol.*, I, p. q. XII, art. 6, in c., édit. de Parme, t. I, p. 42 : « Desiderium quodammodo facit desiderantem aptum et paratum ad susceptionem desiderati ».

(2) *Traitté*, liv. I, ch. 18, — t. IV, p. 84.

general, mays d'aymer en particulier et sur toutes choses sa divine bonté, qui est meilleure et plus aymable que toutes choses, la suavité de sa providence souveraine requeroit qu'il contribuast aussi... autant de secours qu'il seroit necessaire affin que cette inclination fust prattiquée et effectuee » (1).

Cette requête sera d'autant mieux exaucée que l'ouvrier aime toujours son œuvre et que « le cœur divin est amoureux de nostre amour » (2). Il veut que nous répondions à ses avances. « En quoy il tesmoigne bien, Theotime, qu'il ne nous a pas laissé l'inclination naturelle de l'aymer, pour neant ; car affin qu'elle ne soit oyseuse, il nous presse de l'employer par ce commandement general et affin que ce commandement puisse estre prattiqué, il ne laisse homme qui vive auquel il ne fournisse abondamment tous les moyens requis à cet effect » (3). C'est l'espérance qui anime la méthode d'ascétisme, dont saint François de Sales escompte la fécondité : « Encor que par la seule inclination naturelle nous ne puissions pas parvenir au bonheur d'aymer Dieu comme il faut, si est ce que, si nous l'employions fidellement, la douceur de la piété divine nous donneroit quelque secours, par le moyen duquel nous pourrions passer plus avant » (4).

Mais attendre ce secours, compter sur lui, voire en affirmer la possibilité, la réalité, l'espérance fondée de l'obtenir, cela ne nous fait-il pas sortir du domaine de la philosophie et de la théologie naturelle ?

Non. D'une part, la raison démontre et l'existence de Dieu et ses attributs, entre lesquels « la providence souveraine » qui « n'est autre chose que l'acte par

(1) *Traitté*, liv. I, ch. 16, — t. IV, p. 77.
(2) *Ibid.*, liv. II, ch. 8, — t. IV, p. 112.
(3) *Ibid.*
(4) *Ibid.*, liv. I, ch. 18, — t. IV, p. 84.

lequel Dieu veut fournir aux hommes et aux Anges les moyens nécessaires ou utiles pour parvenir à leur fin » (1). Or, cette Providence, sur laquelle compte saint François de Sales, est la « *providence naturelle* » (2), à la manière de celle que concevait Platon : « Dieu ayant eu une éternelle et tres parfaite connoissance de l'art de faire le monde pour sa gloire, il disposa avant toutes choses en son divin entendement les pieces principales de l'univers... qui pouvoient luy rendre de l'honneur » (3). Et c'est suivant ce plan que « cette Providence touche tout, regne sur tout et reduit tout a sa gloire » (4), même les monstres dont la naissance « provoque a philosopher » (5). — Rien n'échappe à son action. « Le soleil visible touche tout de sa chaleur vivifiante, et comme l'amoureux universel des choses inférieures, il leur donne la vigueur requise pour faire leurs productions ; et de mesme la Bonté divine anime toutes les ames et encourage tous les cœurs à son amour, *sans que homme quelcomque soit caché a sa chaleur* » (6).

D'autre part, le secours, dont l'inclination naturelle a besoin pour ne pas demeurer vaine (car la nature ne fait rien en vain) serait d'*ordre naturel*. Saint François de Sales s'en explique avec une précision parfaite : « S'il se treuvoit des hommes qui fussent en l'integrité et droitture originelle, en laquelle Adam se treuva lhors de sa création, bien que d'ailleurs ilz n'eussent aucune autre assistance de Dieu que celle qu'il donne a chasque creature affin qu'elle puisse faire les actions qui luy sont convenables, non seulement ilz auroyent

(1) *Traitté*, liv. II, ch. 3, — t. IV, p. 96, 97.
(2) *Ibid.*, t. IV, p. 97.
(3) *Ibid.*, t. IV, p. 96.
(4) *Ibid.*, t. IV, p. 97.
(5) *Ibid.*, t. IV, p. 99.
(6) *Ibid.*, liv. II, ch. 8, — t. IV, p. 112 et 113.

l'inclination d'aymer Dieu sur toutes choses, mays aussi ilz pourroyent naturellement executer cette si juste inclination » (1).

La Révélation, il est vrai, nous enseigne que l'homme est déchu de son intégrité première, mais cela ne change rien d'essentiel au rapport qui nous occupe : un secours naturel suffit à soutenir l'acte d'une inclination naturelle. Sur ce caractère, saint François de Sales ne se lasse pas d'insister : « Or bien que l'estat de nostre nature humaine ne soit pas maintenant doüé de la santé et droitture originelle que le premier homme avoit en sa creation, et qu'au contraire nous soyons grandement depravés par le peché, si est ce toutefois que la sainte inclination d'aymer Dieu sur toutes choses nous est demeuree, comme aussi la *lumiere naturelle* par laquelle nous connoissons que sa souveraine bonté est aymable sur toutes choses ; et n'est pas possible qu'un homme pensant attentivement en Dieu, voire mesme par le seul discours naturel, ne ressente un certain eslan d'amour que la secrette inclination de nostre nature suscite au fond du cœur » (2).

Sans doute, il faut répéter que « nostre chetifve nature navree par le peché » (3). est incapable d' « executer cette si juste inclination » (4) et que selon le mot de saint Thomas « en l'état de nature corrompue l'homme a besoin du secours d'une grâce qui l'assainisse » (5). Mais, encore une fois, cette grâce venant guérir la blessure de la nature humaine ne fera que

(1) *Traitté*, liv. I, ch. 16, — t. IV, p. 77.
(2) *Ibid.*, t. IV, p. 78.
(3) *Ibid.*, liv. I, ch. 17, — t. IV, p. 82.
(4) *Ibid.*, liv. I, ch. 16, — t. IV, p. 77.
(5) Cf. *Sum. theol.*, Ia IIae, q. CIX, art. 3, in c. édit. de Parme t., II, p. 431 : « ... sed in statu naturae corruptae indiget homo etiam ad hoc (aimer Dieu naturellement par dessus toutes choses) auxilio gratiae naturam sanantis ».

supprimer un obstacle et nous permettre d'utiliser des énergies, que la chûte ne nous a pas enlevées, puisqu'elle n'a pas essentiellement mutilé la nature humaine.

En un mot, si l'on doit reconnaître que les vertus naturelles laissées à elles seules ne conduisent pas bien loin, il faut reconnaître aussi qu'elles ont conservé, absolument parlant, une efficacité réelle (1). Et donc les désirs, les besoins de surcroît, les exigences naturelles de l'âme, que l'analyse subjective découvre en nous ne postulent directement et immédiatement qu'un *secours divin naturel* (2) en vue de l'épanouissement de nos aspirations primordiales.

Mais en fait n'y a-t-il pas davantage ? — Ce secours de la bonté paternelle « qui nous conduiroit de bien en mieux, avec toute suavité, jusques au souverain amour auquel nostre inclination naturelle nous pousse... » (3), — cette intervention incontestablement divine « quand l'inspiration, comme un vent sacré, vient pour nous pousser en l'air du saint amour... despliant l'inclination naturelle qu'elle (notre volonté) a au bien, en sorte que cette inclination mesme luy sert de prise pour saisir nostre esprit » (4), — ne sont-ils pas d'ordre surnaturel ?

C'est possible, mais l'observation interne demeurera toujours muette à ce sujet. — Ce n'est pas une

(1) *Ibid.*, art. 2, in c., *ibid.*, p. 430.

(2) Nous ferons remarquer en effet que le secours requis, pour qu'une inclination naturelle atteigne sa fin, peut n'être qu'une grâce d'ordre naturel (*gratia medicinalis*). Ainsi nous lisons dans HURTER, *Theol. dogm.*, t. III, p. 19, Inspruch 1893 : « Haec vero (gratia medicinalis) esse potest in ordine, qui supernaturali est inferior ; neque enim supponit ordinem supernaturalem, neque exigit, ut sit per se supernaturalis, quamvis gratis a Deo conferatur ». — Or, les exigences naturelles de l'âme, par elles-mêmes ne postulent pas autre chose (*ibid.*, p. 40) : « Cum dicimus hominem indigere auxilio, non affirmamus illud per se supernaturale esse *debere*. Ad *opus* enim ethice bonum sufficit per se auxilium Dei ordinis naturalis. In praesenti autem ordine illud, si non semper, saepe tamen est supernaturale ».

(3) *Traité*, liv. I, ch. 18, — t. IV, p. 80.

(4) *Ibid.*, liv. II, ch. 13, — t. IV, p. 129.

raison cependant pour qu'elle les dédaigne, car en leur point d'application (qui est l'inclination naturelle, nous venons de le voir), se produisent des phénomènes psychologiques, dont la réalité et les effets sont constatables par l'expérience. Il serait donc illégitime de les bannir du champ de nos recherches, car le mystère de leur origine ne nous empêche pas plus d'en tirer parti que l'ignorance, où nous sommes, de l'essence de l'électricité ne nous empêche d'utiliser ses merveilleuses propriétés.

Ce secours d'ailleurs, qui au regard de l'investigation humaine demeure irrémédiablement équivoque, peut être envisagé sous divers aspects. « Et ce secours, d'un costé seroit naturel, comme convenable à la nature, et tendant a l'amour de Dieu entant qu'il est Autheur et souverain Maistre de la nature ; et d'autre part il seroit surnaturel, parce qu'il correspondroit, non à la nature simple de l'homme, mais a la nature ornee, enrichie et honoree de la justice originelle, qui est une qualité surnaturelle procedante d'une tres speciale faveur de Dieu » (1). Mais peu nous chaut de sa valeur intrinsèque, car l'observation ne s'intéresse qu'à sa puissance psychologique et morale. Sous ce rapport, le résultat est franchement naturel : l'efficacité, que nous voulons mesurer, demeure dans le domaine de la philosophie, puisqu'elle n'engendre qu'un amour naturel. « Mays quant a l'amour sur toutes choses qui seroit prattiqué selon ce secours, il seroit appellé naturel, d'autant que les actions vertueuses prennent leur nom de leurs objectz et motifs, et cet amour dont nous parlons tendroit seulement a Dieu, selon qu'il est reconneu Autheur, Seigneur et souveraine fin de toute creature par la seule lumiere naturelle, et par

(1) *Traitté*, liv. I, ch. 16, — t. IV, p. 77, 78.

consequent aymable et estimable sur toutes choses par inclination et propension naturelle » (1).

Quels que soient donc les secours, qui la secondent, « l'inclination naturelle d'aymer Dieu » en son point d'arrivée ne conduit qu'à des actes d'amour naturel. En leur exercice elle trouverait l'apaisement par l'entrée en union, en possession de son objet souverainement aimable et désirable.

*
* *

§ II. — *La Critique : la position de saint François de Sales.* — Cependant, restreindre de la sorte l'entreprise de saint François de Sales, n'est-ce pas la déformer ?

Oui certes, saint François de Sales s'impose la tâche de conduire son lecteur jusqu'aux sommets de l'amour surnaturel. Il faut reconnaître pourtant qu'il s'efforce de donner à son *Traité* une préface philosophique, à laquelle précisément nous consacrons notre étude. S'il se résout à prendre « les discours jusques dans leurs racines », et s'il ne supprime pas « les quattre premiers Livres et quelques chapitres des autres » qui « pouvoyent sans doute estre obmis au gre des ames qui ne cherchent que la seule prattique de la sainte dilection » (2), c'est qu'il entend conférer à son œuvre une portée apologétique en rapport avec « la condition des espritz de ce siècle » (3).

Mais, n'est-ce pas une gageure que de vouloir maintenir sur le terrain philosophique cette marche d'approche vers le Bien suprême, vers cette félicité, que notre âme poursuit « sans sçavoir toutefois ni ou elle reside

(1) *Traitté*, liv. I, ch. 16, — t. IV, p. 77, 78.
(2) *Ibid.*, Préf., — t. IV, p. 9.
(3) *Ibid.*

ni en quoy elle consiste ? » (1) La position qu'en ses premiers chapitres *provisoirement* mais *réellement* prend saint François de Sales est-elle tenable ? — Nous le pensons.

1° *Légitimité.* — La division de son travail en deux temps est le corollaire obligé de la distinction qui s'impose entre la philosophie et la théologie malgré leur contact en la même âme. — Il est d'ailleurs souverainement utile de déterminer leurs limites respectives en notant les ultimes points d'arrivée, où nous aboutissons avec nos seules ressources. La philosophie de l'*Action* l'a tenté ; et cela est nécessaire à qui veut éviter bien des confusions regrettables. — Enfin cette manière de procéder est dans la tradition des théologiens. Au début de leur recherche du divin, ils posent la question de ce que peut la nature. Ils espèrent par leurs études psychologiques ouvrir plus facilement à l'homme l'accès du domaine religieux.

Lui faire constater l'orientation spontanée de son âme vers un bonheur qu'elle ne trouvera qu'en Dieu, parce qu'une convenance essentielle la prédispose à s'unir à sa Bonté ; le convaincre que l'intervention d'en haut peut avoir prise sur ses inclinations naturelles non pour les comprimer et étouffer, mais pour les épanouir et amplifier dans le sens de ses aspirations primordiales, n'est-ce pas le préparer efficacement à recevoir le don divin, s'il lui est offert ?

2° *Comparaison avec Saint Thomas.* — Afin de mieux mettre en lumière la légitimité philosophique et l'efficacité pratique de cette recherche et de cette marche d'approche par la connaissance et l'action, comparons la doctrine de saint François de Sales avec celle de saint Thomas.

(1) *Traité*, liv. II, ch. 15, — t. IV, p. 138.

a) Parallélisme. — Elles sont parallèles. Toutes deux, en effet, traduisent un désir d'union avec Dieu, mais c'est par des voies différentes, qu'elles prétendent entraîner l'âme vers ce but suprême. L'une y va par la pratique de l'amour ; elle procède de la *volonté*, qui dépassant les biens imparfaits, s'élance irrésistiblement vers le souverain Bien pour s' « unir et joindre à sa Bonté » (1). L'autre y va par le progrès de la connaissance : mise en présence des effets, la raison souhaite d'en découvrir la cause première, qu'elle rêve de contempler ensuite jusque dans son essence. Son vœu est donc d'arriver par l'*intelligence* à « s'unir à Dieu comme à l'objet en qui seul réside la béatitude de l'homme » (2).

De part et d'autre le mouvement de l'âme, tel que l'investigation philosophique le suit et le montre, est *naturel en son origine* et ne s'achemine irrésistiblement que vers un *terme naturel.*

Ainsi l'union avec Dieu, que « l'inclination naturelle d'aymer » ou l' « interminable désir de sçavoir » (3) nous font rechercher, n'est point poursuivie d'une manière qui dépasse essentiellement les forces humaines. Nous avons vu comment saint François de Sales explique que « s'il se treuvait des hommes qui fussent en l'intégrité et droitture originelle... ilz pourroyent naturellement executer cette si juste inclination » (4). — Saint Thomas ne s'était pas exprimé autrement : « Aimer Dieu plus que toutes choses, écrit-il, n'est pas au-dessus de la nature humaine... C'est pourquoi il

---

(1) *Traitté*, liv. I, ch. 15, — t. IV, p. 77.

(2) S. THOMAS, *Sum. theol.*, Ia, IIae, q. III, art. 8, in c., édit. de Parme, t. II, p. 18 : « Ad perfectam igitur beatitudinem requiritur quod *intellectus* pertingat ad ipsam essentiam primae causae.

Et sic perfectionem suam habebit per unionem ad Deum sicut ad objectum, in quo solo beatitudo hominis consistit ».

(3) *Traitté*, liv. I, ch. 15, — t. IV, p. 76.

(4) *Ibid.*, liv. I, ch. 16, — t. IV, p. 77.

faut dire que l'homme en l'état d'intégrité originelle n'avait pas besoin d'être aidé par une grâce ajoutée à ses ressources naturelles pour aimer naturellement Dieu par dessus toutes choses ; quoiqu'il eut besoin d'un secours de Dieu, qui le poussât à cela. Mais en l'état de nature déchue, l'homme a besoin *en outre* d'être aidé par une grâce, *qui assainisse la nature* » (1).

Nous savons par ailleurs que la chûte n'a pas corrompu en son essence la nature humaine. Si, à la suite de ce désastre l'âme a vu sa raison s'obscurcir et sa volonté perdre de ses forces (2), elle est demeurée néanmoins capable d'actes moralement bons. Sans doute, à cause de ses blessures, elle a besoin désormais d'un remède, qui la guérisse, mais à ce prix elle peut encore aimer Dieu *naturellement* par dessus toutes choses. Saint François de Sales nous le répète : « la sainte inclination d'aymer Dieu sur toutes choses nous est demeuree, comme aussi la lumiere naturelle par laquelle nous connoissons que sa souveraine bonté est aymable sur toutes choses ; et n'est pas possible qu'un homme pensant attentivement en Dieu, voire mesme par le seul discours naturel, ne ressente un certain eslan d'amour que la secrette inclination de nostre nature suscite au fond du cœur, par lequel, a la premiere apprehension de ce premier et souverain object, la volonté est prevenüe et se sent excitee a se complaire en iceluy » (3).

Ce qui est vrai de la poursuite du bonheur par l'amour l'est aussi de la poursuite du bonheur par la

(1) *Sum theol.*, Ia, IIae, q. CIX, art. 3, in c. *ibid.*, t. II, p. 431 : « Diligere autem Deum super omnia est quiddam connaturale homini... Ideo dicendum est quod homo in statu naturae integrae non indigebat dono gratiae superadditae naturalibus donis ad diligendum Deum *naturaliter* super omnia, licet indigeret auxilio Dei ad hoc eum moventis ; sed in statu naturae corruptae indiget homo *etiam* auxilio gratiae naturam sanantis. »

(2) Cf. *Conc. de Trente*, Sess. V et VI. Cf. DENZINGER-BANNWART, Enchiridion, n°s 788 ,793, etc... Fribourg-en-Brisgau, 1908.

(3) *Traité*, liv. I, ch. 16, — t. IV, p. 78.

connaissance. Car, si aimer Dieu, Bonté suprême, est le terme auquel aspire naturellement notre volonté, — connaître Dieu, Vérité suprême est le terme auquel aspire irrésistiblement notre intelligence (1). — D'ailleurs, en ce sommet les deux routes vers la béatitude se rejoignent. « L'être, le vrai et le bien ne sont pas des idées irréductibles représentant des sphères profondément disparates entre lesquelles il serait impossible d'établir aucune relation. Le vrai et le bien sont deux aspects de l'être, la connaissance et l'appétition ne sont que deux formes spéciales de l'activité universelle » (2).

b) Saint Thomas. — Ce terme en lui-même est sans nul doute un objet transcendant, incréé, infini, mais nos facultés peuvent tendre vers lui d'une manière humaine, puisque le bonheur, qui résulte de la conquête de ce but, est, selon saint Thomas, « quelque chose de créé, qui existe en l'homme lui-même » (3).

De ce point de vue subjectif et psychologique, — qui est bien celui d'où nous pouvons considérer les requêtes et exigences d'une inclination naturelle à la recherche de sa satisfaction. — la fin nécessaire poursuivie par l'homme ne sort pas du domaine de l'ordre naturel « Le mot fin, dit Saint Thomas, s'entend de deux manières. D'une part il désigne la chose même que nous désirons obtenir ; ainsi pour un avare la fin

(1) Cf. Saint Thomas, *Sum. contra Gentiles*, l. III, c. 25, *ibid.*, t. V, p. 177 : « Quod intelligere Deum est finis omnis intellectualis substantiae. — Cum autem omnes creaturae etiam intellectu carentes ordinentur in Deum sicut in finem ultimum, ad hunc autem finem pertingunt omnia, in quantum de similitudine ejus aliquid participant, intellectuales creaturae aliquo specialiori modo ad ipsum pertingunt, scilicet per suam propriam operationem intelligendo ipsum ; unde oportet quod hc : sit finis intellectualis creaturae, scilicet intelligere Deum...

. . . .

Amplius unumquodque maxime desiderat suum ultimum finem, intellectus autem humanus magis *desiderat et amat et delectatur* in cognitione divinorum... Est igitur ultimus finis hominis intelligere quoquo modo Deum... etc. ».

(2) Cf. Mgr Chollet, *De la Notion d'ordre*, p. 258, Paris, 1894.

(3) *Sum. theol.*, Ia, IIae, q. III, art. 1, in c., *ibid.*, t. II, p. 12.

est l'argent. D'autre part, le même mot désigne la conquête, ou la possession, ou l'usage, ou la jouissance de la chose désirée ; c'est ainsi que nous disons que la possession de l'argent est la fin de l'avare, que la jouissance d'un objet agréable est la fin de l'intempérant. — Donc, sous le premier aspect, la fin dernière de l'homme est un bien incréé, à savoir Dieu, qui seul par son infinie bonté peut combler totalement la volonté humaine. — Mais sous le deuxième aspect, la fin dernière de l'homme est quelque chose de créé, qui existe en l'homme lui-même, parce que ce n'est rien autre chose que la *conquête et la jouissance* de la fin dernière. Or, la fin dernière est appelée le bonheur. Si donc le bonheur de l'homme est considéré par rapport à sa cause ou à son objet, il est quelque chose d'incréé, mais si au contraire il est considéré par rapport à son essence même, ce bonheur est quelque chose de créé » (1).

En conséquence, pour ardent que soit cet « appetit insatiable d'aymer » (2), pour avide que soit cet « interminable desir de sçavoir » (3), dont nous nous efforçons de mesurer la portée, ils n'ont d'autre fin que ce bonheur créé et par conséquent limité. Quelle que soit l'immensité du *désir naturel*, qui constitue nos aspirations à l'infini de l'amour et de la science, — ce désir, état d'âme d'un être fini, — est lui-même fini, et il

(1) *Ibid.* : « Respondeo dicendum quod... finis dicitur dupliciter. Uno modo *ipsa res* quam cupimus adipisci, sicut avaro est finis pecunia. Alio modo *ipsa adeptio*, vel possessio, seu usus, aut fruitio ejus rei quae desideratur ; sicut si dicatur, quod possessio pecuniae est finis avari et frui re voluptuosa est finis intemperati. — *Primo ergo modo* ultimus hominis finis est bonum *increatum*, scilicet Deus, qui solus sua infinita bonitate potest voluntatem hominis perfecte implere. Secundo autem modo ultimus finis hominis est *creatum* aliquid in ipso existens : quod nihil est aliud quam adeptio vel fruitio finis ultimi. Ultimus autem finis vocatur *beatitudo*. — Si ergo beatitudo hominis consideretur quantum ad causam vel objectum, sic est aliquid increatum ; si autem consideretur quantum ad ipsam essentiam beatitudinis, sic est aliquid creatum ».

(2) *Traitté*, liv. I, ch. 15, — t. IV, p. 76.

(3) *Ibid.*

suffira d'une satisfaction immense peut-être *mais finie* pour le remplir : telle sera la mesure et la limite de son épanouissement au point d'arrivée.

Il est donc légitime de considérer notre invincible souhait de connaître l'essence divine, comme une aspiration à un bonheur, à une fin, qui en elle-même ne dépasse point l'ordre naturel (1).

Lorsque Platon au terme de son « ascension dialectique » place la contemplation de l'Idée du Bien, soleil des intelligences et source des essences (2), il considère certes la vision de Dieu comme la fin ultime de l'être raisonnable, mais pouvait-il seulement songer que cette fin ardemment désirée fut d'ordre surnaturel ? — Lorsqu'Aristote met l'idéal de la béatitude dans la possession de la vertu théorétique, souverain exercice de la pensée, qui nous fait semblables à Dieu « Pensée de la Pensée » (3) et nous fait vivre une vie plus qu'humaine, donne-t-il ce but comme inaccessible aux énergies naturelles de l'homme ? — Or nous savons combien saint Thomas a subi l'influence de l'intellectualisme grec (4), en ces matières, où nous le voyons placer, dans son exposé théorique, la suprême béatitude de l'homme dans l'activité intellectuelle (5). — On peut donc conclure : tout le mouvement que nous venons de décrire commence et s'achève sur le terrain de la philosophie.

D'autre part, saint Thomas insiste sur l'impossi-

---

(1) Sur la possibilité de cette recherche *modo naturali* d'un but en lui-même surnaturel, cf. card. BILLOT, *De Virtutibus infusis*, t. I, p. 63-73, Rome, imp. Saint-Joseph, 1905.

(2) *La République*, liv. VI, édit. Firmin-Didot, t. II, p. 122 b. ; et liv. VII, *ibid.*, p. 125 et 126, c, d.

(3) *Métaphysique*, liv. XI, ch. IX, édit Firmin-Didot, t. II, p. 609, a. 14, 15.

(4) Cf. P. ROUSSELOT, *L'intellectualisme de saint Thomas*, ch. VI, p. 180-197, Paris, 1908.

(5) Cf. S. THOMAS, *Sum. theol.*, I p., q. XII, art. 1, inc. *ibid*, t. I, p. 38 : « Cum enim ultima hominis beatitudo in altissima ejus operatione consistat, quae est operatio intellectus... »

bilité où nous nous trouvons de réaliser notre « désir naturel » d'union à Dieu par la connaissance, à moins que n'intervienne un secours surnaturel qui, transformant ce désir, lui donne une vraie valeur d'efficacité. A cette condition *sine qua non* nous pourrons tendre avec succès vers cette béatitude surnaturelle, qui consiste à voir Dieu en son essence. « L'inclination naturelle de la volonté, dit-il, tend à ce qui lui convient suivant la nature. C'est pourquoi si une chose est surnaturelle la volonté ne peut être portée vers elle sans l'aide de quelque autre principe surnaturel... Mais nous l'avons montré plus haut, lorsqu'il s'agissait de la connaissance de Dieu, — que voir Dieu au moyen de son essence (ce qui est la béatitude suprême de la créature raisonnable), dépasse la nature de toute intelligence créée. Aussi, aucune créature raisonnable ne peut posséder un élan de volonté proportionné à cette béatitude, à moins qu'elle ne soit mue par un agent surnaturel ; — et nous appelons cela le *secours de la grâce* » (1).

A la lumière de cette remarque, jetons un coup d'œil d'ensemble sur la théorie de saint Thomas pour en apercevoir l'analogie avec celle de saint François de Sales.

Sous les fins arbitraires, qu'il poursuit, c'est la béatitude, sa fin suprême, que l'homme cherche nécessairement (2). Car, bien que victime d'illusions,

---

(1) *Ibid.*, I p., q. LXII, art. 2, in c. 1, *ibid.*, t. I, p. 240 : « Naturalis autem inclinatio voluntatis est ad id quod est conveniens secundum naturam. Et ideo, si aliquid sit supra naturam, voluntas in id ferri non potest, nisi ab aliquo alio supernaturali principio adjuta... Ostensum est autem supra (quaest. XII, art. 4 et 5), cum de Dei cognitione ageretur, quod *videre Deum per essentiam*, in quo ultima beatitudo rationalis creaturae consistit, est supra naturam cujuslibet intellectus creati. Unde nulla creatura rationalis potest habere motum voluntatis ordinatum ad illam beatitudinem, nisi mota a supernaturali agente ; et hoc dicimus *auxilium gratiae* ».

(2) *Ibid*, Ia IIae, q. I, art. 6, in c., *ibid.*, t. II, p. 5 : « Respondeo dicendum quod necesse est quod omnia quae homo appetit, appetat propter ultimum finem ; et hoc apparet duplici ratione...

il mette souvent son bonheur dans des biens divers (1), c'est toujours une même fin dernière, qui l'attire (2). Aussi pour peu qu'il réfléchisse, il dépasse tous les biens créés, car ils ne peuvent le satisfaire (3). — L'objet des aspirations de l'homme sera donc un bien incréé, Dieu, qui seul pourra les combler (4). Cependant, la jouissance, qui résulte de la possession de cet objet, est essentiellement quelque chose de fini et de créé (5). Or, cette béatitude — approchée dans la joie intellectuelle que procurent les sciences spéculatives (6), — ne réside en définitive que dans la contemplation de l'essence divine. De fait, l'homme éprouve un insatiable désir de savoir « c'est pourquoi lorsqu'il connaît un effet et sait que cet effet a une cause, il a encore et naturellement le désir de savoir ce qu'est cette cause » (7). Et d'étape en étape ce besoin de connaître le conduit jusqu'à la cause pre-

---

(1) *Ibid.*, art. 7, in c., *ibid.*, p. 5 et 6 : « Sed quantum ad id in quo ista ratio (ultimi finis) invenitur, non omnes homines conveniunt in ultimo fine. Nam quidam appetunt divitias tanquam consummatum bonum ; quidam vero quodcumque aliud... »

(2) *Ibid.* : « Sed *contra* est quod Augustinus dicit (*De Trinit.*, lib. XIII, cap. 4, in princ.) quod « omnes homines conveniunt in appetendo ultimum finem, qui est beatitudo ».

(3) *Ibid.*, q. II, art. 8 *ibid.*, p. 7 : « Respondeo dicendum quod impossibile est beatitudinem hominis esse in aliquo bono creato. Beatitudo enim est bonum perfectum, quod totaliter quietat appetitum ; alioquin non esset ultimus finis, si adhuc restaret aliquid appetendum. Objectum autem voluntatis, quae est appetitus humanus, est universale bonum, sicut objectum intellectus est universale verum. Ex quo patet quod nihil potest quietare voluntatem hominis nisi bonum universale, quod non invenitur in aliquo creato sed solum in Deo ; quia omnis creatura habet bonitatem participatam. Unde solus Deus voluntatem hominis implere potest... »

(4) et (5) *Ibid.*, q. III, art. 1 in c., *ibid.*, t. II, p. 12 : « Respondeo dicendum quod... finis dicitur dupliciter. Uno modo ipsa res quam cupimus adipisci sicut avaro est finis pecunia. Alio modo ipsa adeptio vel possessio seu usus aut fruitio ejus rei quae desideratur ; sicut si dicatur quod possessio pecuniae est finis avari, et frui re voluptuosa est finis intemperati. Primo ergo modo ultimus hominis finis est bonum *increatum*, scilicet Deus, qui solus sua infinita bonitate potest voluntatem hominis perfecte implere. Secundo autem modo ultimus hominis finis est *creatum* aliquid in ipso existens ; quod nihil est aliud quam adeptio vel fruitio finis ultimi. Ultimus autem finis vocatur beatitudo. Si ergo beatitudo hominis consideretur quantum ad causam vel objectum, sic est aliquid increatum ; si autem consideretur quantum ad ipsam essentiam beatitudinis, sic est aliquid creatum ».

(6) *Ibid.*, art. 6 in c., *ibid.*, p. 16 : « Consideratio scientiarum speculativarum est quaedam participatio verae et perfectae beatitudinis ».

(7) *Ibid.*, art. 8.

mière dont il désire *naturellement* découvrir l'essence, parce que là est pour lui le bonheur parfait (1).

Or, ce désir de connaître l'essence de la cause première est analogue au désir de connaître l'essence des causes secondes : l'exemple de l'éclipse invoqué par saint Thomas (2) le démontre. Donc en lui-même et directement ce désir ne tend qu'à une fin naturelle, à ce bonheur subjectif, fini et créé, dont il a été parlé (3).

La preuve en est dans l'usage que fait saint Thomas du même désir naturel pour affirmer par un argument philosophique la nécessité de l'immortalité de l'âme : « Nécessairement, lorsque l'homme aura atteint sa fin suprême, son désir naturel trouvera le repos, mais cela ne peut se faire en cette vie... Par ailleurs, il est impossible qu'un désir naturel soit inefficace, car la nature ne fait rien en vain... Il faut donc que ce désir soit satisfait après cette vie » (4). — Alors seulement les substances intellectuelles jouiront d'une entière félicité par la vision divine, dont l'homme a naturellement le désir (5).

---

(1) *Ibid.*

(2) *Ibid.*

(3) *Ibid.*, art. 6.

(4) *Sum. contra Gentiles*, l. III, c. 48, *ibid.*, t. V, p. 194. — Dans la *Somme contre les Gentils*, liv. III, ch. 37, *ibid.*, t. V, p. 184, saint Thomas démontre que la suprême félicité de l'homme est la contemplation de la vérité et partant qu'elle ne peut résider que dans la vision de Dieu « quod ultima felicitas hominis non consistit nisi in contemplatione Dei ». — Mais à cela ne suffit ni la connaissance par la science ni la connaissance par la foi, aussi saint Thomas conclut-il, ch. 48 : « Si ergo felicitas ultima non consistit in cognitione Dei, qua communiter ab omnibus vel pluribus cognoscitur secundum quamdam aestimationem confusam, neque iterum in cognitione Dei, qua cognoscitur per viam demonstrationis in scientiis speculativis, neque in cognitione Dei qua cognoscitur per fidem... non est autem possibile in hac vita ad altiorem Dei cognitionem pervenire, ut per essentiam cognoscatur... Impossibile est quod *in hac vita* sit ultima hominis felicitas... Oportet igitur..., cum homo pervenerit ad suum finem ultimum, naturale ejus desiderium quietatur. Sed *hoc non potest fieri in vita ista.*

Adhuc impossibile est naturale desiderium esse inane. Natura enim nihil facit frustra. Esset autem inane desiderium naturae si nunquam posset impleri... Oportet igitur quod impleatur *post hanc vitam*. Est igitur felicitas ultima hominis *post hanc vitam* ».

(5) *Ibid.*, l. III, c. 63, *ibid.*, t. V, p. 206, et *Sum. theol.*, Ia, IIae, q. III, a. 8, *ibid.*, t. II, p. 17.

Cet argument ne sort pas du domaine de la philosophie, car démontrer que l'homme n'atteint pas sa fin dans la vie présente, c'est uniquement mettre en lumière que l'homme ici-bas est incapable d'égaler ses désirs.

C) *Saint François de Sales.* — Saint François de Sales expose et déroule le problème de la même manière afin de marquer ses limites non seulement à l'investigation philosophique, mais encore à la pratique de l'inclination naturelle d'aimer Dieu.

Celle-ci, tout comme le désir de la vision divine, nous l'avons vu, poursuit son épanouissement maximum en déployant la force d'expansion de notre aptitude foncière à travers les biens particuliers, dont le charme séduit un instant notre volonté. Comme elle ne trouve pas en eux son« solide contentement », elle pousse au delà vers l'objet, dont la possession apaisera son insatiable désir. Et ce désir s'exalte en s'élevant par les amours spirituelles, qui lui donnent plus de joie qu'il n'avait prévu. Mais cette ascension vers l'idéal ne peut en réalité nous mettre en sa possession.

Elle fait songer aux paroles éloquentes, que dans le Banquet Platon prête à Diotime de Mantinée : « Celui qui, dans les mystères de l'amour, se sera élevé jusqu'au point où nous en sommes, après avoir parcouru dans l'ordre convenable tous les degrés du beau, parvenu enfin au terme l'initiation, apercevra tout à coup une beauté merveilleuse, celle, ô Socrate, qui était le but de tous ses travaux antérieurs : beauté éternelle, incréée et impérissable, exempte d'accroissement et de diminution... ; de laquelle participent toutes les autres beautés, sans que leur naissance ou leur destruction lui apporte la moindre diminution ou le moindre accroissement, ni la modifie en quoi que ce soit... Le droit chemin de l'amour, qu'on le suive de soi-même, ou qu'on y soit guidé par un autre, c'est de commencer par les beautés d'ici-bas et de s'élever jusqu'à la beauté suprême, en passant, pour ainsi dire, par tous les degrés de l'échelle, d'un seul beau corps à deux, de deux à tous les autres, des beaux corps aux belles occupations, des belles occupations aux belles sciences, jusqu'à de science en science, on parvienne à la science par excellence, qui n'est autre que la science du beau lui-même, et qu'on finisse par le connaître tel qu'il est en soi. O mon cher Socrate, poursuivit l'étrangère de Mantinée, si quelque chose donne du prix à cette vie, c'est la contemplation de la beauté absolue... Que penser d un mortel à qui il serait donné de contempler la beauté, pure, simple, sans mélange, non revêtue de chair et de couleurs humaines et de toutes les autres vanités périssables, mais la beauté divine elle-même ? » (1). Tel est le vœu de la nature.

Saint François de Sales, comme Platon, lui fait entrevoir son sublime objet, mais il ajoute aussitôt l'aveu de notre impuissance. Ici encore, nous sommes comme les aigles, qui ont « incomparablement plus de veüe que de vol et estendent beaucoup plus viste et plus loin leur regard que leurs aysles » (2).

Rien ne nous empêche, il est vrai, de considérer la contemplation de l'essence divine ou de la beauté divine comme le but de nos aspirations à l'infini dans l'ordre de la science et de la belle science, tout de même que l'amour de Dieu sur toutes choses est le but de notre inclination d'aimer à l'infini. Nous pouvons y voir « un indice et memorial de nostre premier Principe et Createur à l'amour duquel elle nous incite » (3). Mais par rapport au terme où elles con-

(1) *Le Banquet*, XXIX, édit. Firmin Didot, t. I, p. 687, 688.
(2) *Traitté*, liv. I, ch. 17 ; — t. IV, p. 80.
(3) *Ibid.*, liv. I, ch. 18, — t. IV, p. 84.

duisent notre âme, ces tendances en fait sont à *double* effet (1).

D'un côté, elles manifestent en nous une exigence réelle et irrésistible en vue d'un accroissement illimité de connaissance et d'amour jusqu'à rêver une intuition de la Divinité et une union de dilection avec elle *(modo naturali)*. De l'autre, — au delà de ce but, que nous n'arrivons même pas à atteindre par nos seules forces — nos aspirations à un progrès nouveau s'adressent à l'inconnu — transcendant ou surnaturel on ne sait, — et par rapport à la vision béatifique *(modo supernaturali)* elles sont totalement impuissantes. Elles nous permettent uniquement d'apercevoir « en la nature humaine au regard de l'ordre surnaturel la capacité ou la convenance, que de tous temps les apologistes catholiques ont eu soin de mettre en relief » (2).

Ces aspirations traduiraient donc la présence en nous de ces *raisons séminales*, que les Pères grecs et latins s'efforçaient de découvrir en tous les hommes et dans lesquelles ils voyaient la cause de nos élans naturels vers Dieu, ainsi que du témoignage que lui rend « une âme naturellement chrétienne » (3). — En même temps elles nous révéleraient notre disposition à recevoir un surcroît, qui nous dépasse, disposition que l'Ecole appelle une *puissance obédientielle passive.*

Cette puissance, dont Dieu se sert « comme d'une anse pour nous pouvoir plus suavement prendre et

---

(1) Saint Thomas semble bien considérer sous deux aspects la contemplation de l'essence divine, à laquelle nous aspirons, tantôt *sub aspectu naturali* et tantôt *sub aspectu supernaturali*, vision béatifique. Les textes sont nombreux et parfois n'ont pas la netteté désirable en ce point. Pour les expliquer et concilier, FRANÇOIS DE SYLVESTRE, au XVIe siècle, esquissait déjà cette distinction : *In libros Sancti Thomae contra Gentiles*, commentaria, c. Gent. I, q. 2, ad 4. Lyon, 1567.

(2) *Encyc. Pascendi gregis*, édit. des Quest. Act., p. 57 et 59.

(3) TERTULLIEN, *Apolog.*, ch. XVII, édit. Migne, P. L. t. I, col. 377.

retirer a soy » (1), est le point, où l'influence céleste a chance de s'exercer efficacement sur nous, lorsqu'elle nous presse de céder aux attraits de l'amour divin. « Voyés donq comme le Père eternel nous tire : en nous enseignant il nous delecte, non pas en nous imposant aucune nécessité ; il jette dedans nos cœurs des delectations et playsirs spirituelz, comme des sacrees amorces par lesquelles il nous attire suavement a recevoir et gouster la douceur de sa doctrine » (2). — Que si nous répondons à ces avances « l'inclination d'aymer Dieu sur toutes choses, que nous avons par nature, ne demeure pas pour neant dans nos cœurs », car « la mesme inspiration et faveur qui nous a saisi, meslant son action avec nostre consentement, animant nos foibles mouvemens de la force du sien, et vivifiant nostre imbecille cooperation par la puissance de son operation, elle nous aydera, conduira et accompaignera d'amour en amour, jusques a l'acte de la tres-sainte foy, requis pour nostre conversion » (3).

C'est donc au *seuil* de la foi, que se trouve le *point d'arrivée,* où saint François de Sales en son apologétique conquérante amène son disciple avec l'espérance que sa bonne volonté soutenue par la grâce le lui fera franchir.

---

(1) *Traitté,* liv. I, ch. 18, — t. IV, p. 83.
(2) *Ibid.,* liv. II, ch. 12, — t. IV, p. 126.
(3) *Ibid.,* liv. II, ch. 13, — t. IV, p. 129 et 130.

TROISIÈME PARTIE

LA SYNTHÈSE PRATIQUE

La discussion que nous venons de suivre au sujet du terme où peut nous élever l'investigation philosophique secondée par la pratique morale (1), permet à saint François de Sales de dégager l'*idéal,* auquel il prétend légitimement conduire l'âme en quête de sa fin et de son bonheur.

Ce n'est rien moins qu'une *union* avec Dieu par un amour d'amitié *consommé en une mutuelle bienveillance.* Plus encore, c'est une « amitié de dilection, par laquelle nous faysons election de Dieu pour l'aymer d'un amour particulier » (2). — Mais comment acheminer notre cœur vers une telle sublimité, lui qui est « couvé, nourri et eslevé emmi les choses corporelles, basses et transitoires, et, par maniere de dire, sous les aysles de la nature ? » (3) — Une longue *éducation* est nécessaire pour cela. Elle sera éclairée et dirigée par la loi de la logique morale, que nous avons entrevue dans le mouvement spontané qui nous entraîne vers le souverain Bien (4). Et tout son effort consistera à mettre en valeur l'*aptitude constitutive,* qui sous forme « d'inclination naturelle d'aymer Dieu sur

(1) Cf. *supra,* 2e P., ch. III.
(2) *Traitté,* liv. II, ch. 22, — t. IV, p. 164.
(3) *Ibid.,* liv. I, ch. 16, — t. IV, p. 79.
(4) Cf. *supra,* 2e P., ch. II.

toutes choses » nous oriente dès notre point de départ vers notre destinée (1).

Comment Saint François de Sales en sa synthèse pratique dirigera-t-il le disciple, qui accepte de se mettre à son école ? Comment le fera-t-il passer de la possession idéale à la possession réelle de ce Bien, dont l'analyse précédente vient d'aviver encore en lui l'impérieux désir ?

Il n'y a qu'une méthode efficace pour y réussir : guider l'âme humaine dans la mouvante synthèse, qui constitue sa vie. Cela se fait par l'*éveil* de ses énergies intimes, par leur *développement* grâce à des adaptations voulues et choisies, jusqu'à leur *union* définitive avec leur sublime objet en une assimilation aussi parfaite que possible. L'amour, en effet, est « comme un bel arbre duquel la racine est la convenance de la volonté au bien, le pied en est la complaysance, son tige c'est le mouvement ; les recherches, poursuites et autres effortz en sont les branches, mais l'union et jouissance en est le fruit » (2).

---

(1) Cf. *supra*, 2e P., ch. I.
(2) *Traitté*, liv. I, ch. 7, — t. IV, p. 41.

CHAPITRE PREMIER

ÉVEIL DE L'INCLINATION

SOMMAIRE. — § I. *Moyens pratiques d'éveil* : 1° Le penchant naturel. — 2° Ses sources. — 3° Légitimité de la démarche proposée par saint François de Sales. — 4° Ses suggestions. — § II. *Espérance de secours* : 1° La Providence. — 2° Appel à la bonne volonté. — 3° Vue d'ensemble.

Pour cueillir un jour le fruit de ce bel arbre, c'est à sa racine qu'il faut d'abord donner des soins, c'est-à-dire aux énergies intimes, aux *aptitudes foncières*, d'où naît notre « inclination naturelle d'aymer Dieu sur toutes choses ». Celle-ci d'ailleurs, avec toutes les qualités que nous lui connaissons, ouvre d'elle-même les portes de l'âme à l'influence du maître en amour divin, saint François de Sales : elle est pour lui dans notre intérieur l'alliée sans la sympathie, correspondance et complicité de laquelle seraient vaines toutes les actions exercées du dehors (1).

Son œuvre, en effet, vise à promouvoir et guider l'épanouissement de nos ressources naturelles. La perfection, qu'il veut nous voir acquérir, ne sera donc pas imposée du dehors. Il sait la tentative impossible. Mais, averti par *la science de la pratique*, que lui a révélée son enquête psychologique et morale, il tente

(1) Nous avons étudié en détail ce phénomène psychologique : pas de succès pour une suggestion venue du dehors, si elle n'est en harmonie avec les dispositions du milieu, où elle est introduite. Cf. *De l'influence*, livre II ch. V, VI, VII.

de susciter notre progrès — à partir du fond même de notre être, — par un exercice rationnel de nos énergies mentales. Ses fines analyses lui permettront par ailleurs de composer un traité d'ascétisme, une *pratique de la science*, qui nous fera suivre d'étape en étape *un itinéraire de l'âme vers Dieu.*

§ I. — *Moyens pratiques d'éveil.* — En conséquence, son premier souci sera de tenir en éveil « l'inclination naturelle d'aymer Dieu sur toutes choses ». A cela sont destinées les considérations philosophiques des « quattre premiers Livres » et de « quelques chapitres des autres » (1). — Lors donc que par ses discours saint François de Sales attire et maintient le regard de l'âme sur cette précieuse inclination, son dessein est de l'*aviver* par là même, comme il arrive à tout fait de conscience, sur lequel se fixe avec persévérance notre attention.

1° *Le penchant naturel.* — Dans ce but, il nous apprend d'abord que les mouvements d'amour, qui entraînent notre volonté vers le bien, résultent d'une « convenance tres estroitte » (2) avec lui. « Cette convenance produit la complaysance que la volonté ressent à sentir et appercevoir le bien ; cette complaisance esmeut et poussé la volonté au bien ; ce mouvement tend à l'union... » (3) selon le vœu de l'amour. — « Considerons, de grace, la prattique d'un amour insensible entre l'aymant et le fer ; car c'est la vraye image de l'amour sensible et volontaire duquel nous parlons. Le fer donques a une telle convenance avec l'aymant, qu'aussitost qu'il en apperçoit la vertu,

(1) *Traitté*, Préf., — t. IV, p. 9. Sans doute, le Traité de l'Amour de Dieu est en lui-même une œuvre de mysticisme, mais n'oublions pas que saint François de Sales a jugé bon de lui donner un préambule *ascétique*, à l'étude duquel nous nous attachons ici.

(2) *Ibid.*, liv. I, ch. 7, — t. IV, p. 41.

(3) *Ibid.*

il se retourne devers luy ; puis il commence soudain a se remuer et demener par des petitz tressaillemens, tesmoignant en cela la complaisance qu'il ressent, en suite de laquelle il s'avance et se porte vers l'aymant, cherchant tous les moyens qu'il peut pour s'unir avec iceluy » (1).

Ce penchant de nos cœurs vers le bien, nous le pouvons tous reconnaître aux heures, où le sentiment d'une différence, d'un éloignement, d'un souhait pique notre conscience psychologique comme par l'aiguillon d'un désir. « Mais quand le bien devers lequel le cœur s'est retourné, incliné et esmeu, se treuve esloigné, absent ou futur, ou que l'union ne se peut pas encore faire si parfaittement qu'on pretend, alhors le mouvement d'amour par lequel le cœur tend, s'avance et aspire a cet objet absent, s'appelle proprement desir, car le desir n'est autre chose que l'appetit, convoitise ou cupidité des choses que nous n'avons pas, et que neanmoins nous pretendons d'avoir » (2).

Le conflit des désirs plus encore maintient le regard de l'âme sur ses aspirations spontanées. Leurs tendances divergentes, leurs incompatibilités nous donnent le spectacle d'une anarchie intérieure dont nous ne sortons que par un coup de volonté : « Comme quand un malade desire de manger des potirons ou melons, et quoy qu'il en ait a son commandement, il ne veut neanmoins pas en manger, parce qu'il craint d'empirer son mal : car qui ne void deux desirs en cet homme, l'un de manger des potirons, et l'autre de guerir ? Mays parce que celuy de guerir est plus grand, il estouffe et suffoque l'autre, l'empeschant de produire aucun effect » (3).

---

(1) *Traitté*, liv. 1, ch. 7, — t. IV, p. 41, 42.
(2) *Ibid.*, t. IV, p. 44.
(3) *Ibid.*, t. IV, p. 45, 46.

Ainsi, par l'élection, qu'elle fait de l'un de nos désirs, la volonté sauvegarde son pouvoir. Elle maintient à son profit la « naturelle monarchie » qu'elle possède en notre « petit monde » (1) intérieur, et rend inefficaces les souhaits qu'elle n'approuve pas. « Et ces souhaitz, qui sont arrestes, non point par l'impossibilité, mais par l'incompatibilité qu'ilz ont avec des plus puissans desirs, s'appellent voirement souhaitz et desirs, mais souhaitz vains, suffoqués et inutiles. Selon les souhaitz des choses impossibles nous disons : je souhaitte, mais je ne puis ; et selon les souhaitz des choses possibles, nous disons je souhaitte, mais je ne veux pas » (2).

2° *Sources.* — Par ces descriptions, saint François de Sales amorce la curiosité de son disciple, mais il s'attache à la retenir encore par une étude plus profonde.

Ces désirs et cette volonté, dont il nous montre les luttes, sont tous mus par un amour. Or quelle est la source et l'origine de l'amour ? — C'est une convenance certes, mais « quelle est la convenance qui excite l'amour ? » (3) — « Ceux-la n'ont pas bien rencontré qui ont creu que la ressemblance estoit la seule convenance qui produisoit l'amour ; car qui ne sçait que les viellars les plus sensés ayment tendrement et cherement les petitz enfans, et sont reciproquement aymés d'eux ; que les sçavans ayment les ignorans, pouveu qu'ilz soyent dociles, et les malades, leurs medecins ? » (4)

La ressemblance n'est donc pas la seule source de l'amour, car « je vous prie, quelle similitude y a-t-il

(1) *Traitté*, liv. I, ch. 1, — t. IV, p. 25.
(2) *Ibid.*, liv. I, ch. 7, — t. IV, p. 46.
(3) *Ibid.*, liv. I, ch. 8, — t. IV, p. 47.
(4) *Ibid.*, t. IV, p. 47, 48.

entre la chaux et l'eau, ou bien entre l'eau et l'esponge ? et neanmoins la chaux et l'esponge prennent l'eau avec une avidité non pareille et tesmoignent envers elle un amour insensible extraordinaire. Or, il en est de mesme de l'amour humain, car il se prend quelquefois plus fortement entre des personnes de contraires qualités, qu'entre celles qui sont fort semblables « (1). Et saint François de Sales multiplie les comparaisons afin de nous intéresser à son discours. « Les accors de musique se font en la discordance, par laquelle les voix dissemblables se correspondent, pour toutes ensemble faire un seul rencontre de proportion ; comme la dissemblance des pierres precieuses et des fleurs fait l'aggreable composition de l'esmail et de la diapreure. Ainsy l'amour ne se fait pas tous-jours par la ressemblance et simpathie, ains par la correspondance et proportion, qui consiste en ce que par l'union d'une chose a une autre elles puissent recevoir mutuellement de la perfection et devenir meilleures » (2).

Pour quelles raisons s'attarder de la sorte en ces analyses psychologiques ? — Pour nous faire *méditer* longuement sur notre « inclination naturelle d'aymer Dieu » : saint François de Sales attend beaucoup de cet exercice. Aussi y revient-il encore. Il attire notre attention sur ce fait que « si tost que l'homme pense un peu attentivement à la Divinité, il sent une certaine douce esmotion de cœur, qui tesmoigne que Dieu est Dieu du cœur humain » (3). Et de cette sympathie il nous expose de nouveau la cause profonde à la lumière de la précédente analyse de l'amour humain : « Ce playsir, cette confiance que le cœur humain prend naturellement en Dieu, ne peut certes

(1) *Traitté*, liv. 1, ch. 8, — t. IV, p. 48.
(2) *Ibid.*
(3) *Ibid.*, liv. I, ch. 15, — t. IV, p. 74.

provenir que de la convenance qu'il y a entre cette divine Bonté et nostre ame... convenance qu'on ne peut nier... Nous sommes crees a l'image et semblance de Dieu » (1). Donc nous avons avec lui une « convenance de similitude », mais il y a aussi « une correspondance nompareille entre Dieu et l'homme pour leur reciproque perfection » (2). — La considération soutenue de cette merveille aura chance d'exalter notre désir d'aller à Dieu en nous abandonnant au mouvement de notre inclination à l'aimer sur toutes choses.

3° *Légitimité de cette démarche.* — Afin d'y décider notre volonté, saint François de Sales s'ingénie à prouver la légitimité de cette démarche.

Il nous en fait constater la spontanéité : « Que si quelqu'accident espouvante nostre cœur, soudain il recourt à la Divinité, advoüant que quand tout luy est mauvais, elle seule luy est bonne » (3). Après quoi, il nous montre que de cette inclination souveraine nous ne pouvons nous défaire : elle subsiste toujours en nous « comme assoupie et imperceptible » (4), mais elle « se resveille en un instant et a l'impourveu paroist » (5) en notre cœur « au premier regard qu'il jette en Dieu » (6). — Enfin il nous force d'écouter au fond de notre conscience le cri de détresse que pousse notre âme « considerant que rien ne la contente parfaittement et que sa capacité ne peut estre remplie par chose quelconque qui soit au monde » (7).

4° *Ses suggestions.* — Par ailleurs, s'il nous avertit de notre impuissance à « naturellement executer cette

---

(1) *Traitté*, liv. I, ch. 15, — t. IV, p. 74.
(2) *Ibid.*, t. IV, p. 75.
(3) *Ibid.*, t. IV, p. 74.
(4) *Ibid.*, liv. I, ch. 16, — t. IV, p. 79.
(5) *Ibid.*
(6) *Ibid.*
(7) *Ibid.*, liv. I, ch. 15, — t. IV, p. 76.

si juste inclination » (1), il entend bien qu'elle « ne demeure pas pour neant » (2) en nos cœurs. Aussi nous invite-t-il à considérer ce « signe de sa grace perdue » (3) que Dieu nous a laissé, « affin que le regardans et sentans en nous cette arriance et propension a l'aymer, nous taschassions de ce faire » (4). En cet effort il met toute l'espérance que lui inspire la méthode d'ascétisme qu'il va proposer à notre bonne volonté.

En cela, comme en toutes ces démarches, saint François de Sales poursuit sans cesse le même objectif : troubler l'illusoire tranquillité dans laquelle pourrait nous entretenir la jouissance des biens inférieurs, — nous montrer sous nos désirs inquiets et toujours inassouvis l'orientation foncière de notre nature vers le souverain Bien et augmenter par là même notre aspiration vers la béatitude, que nous promet sa conquête ; — attirer nos réflexions sur la forme concrète et vivante que cette aspiration revêt dans « notre inclination naturelle d'aymer Dieu sur toutes choses » ; — nous la faire estimer, nous intéresser à son développement, nous amener à placer en elle notre persévérante espérance ; — en un mot susciter en faveur de cette précieuse inclination une fermentation d'états de conscience, comptant sur ce que nous appellerions aujourd'hui un phénomène d'automatisme psychologique pour la rendre dominatrice dans le monde de notre âme. Alors, espère-t-il, vu notre besoin d'unité intérieure et d'harmonie extérieure, nous serons naturellement conduits à la pratiquer dans notre vie et à passer ainsi de la connaissance à l'action.

(1) *Traitté*, liv. I, ch. 16, — t. IV, p. 77.
(2) *Ibid.*, liv. I, ch. 18, — t. IV, p. 84.
(3) *Ibid.*, t. IV, p. 83.
(4) *Ibid.*

§ II. — *Espérance de secours.* — Nous disposons de bien peu de forces pour exécuter ce mouvement, c'est chose entendue ; mais notre impuissance n'est pas une raison de nous décourager et de renoncer à l'entreprise.

1° *La Providence.* — Aucune de nos aspirations essentielles vers notre fin ne peut en effet demeurer vaine. La divine « providence naturelle » (1), que la philosophie montre gouvernant l'univers, se doit de « prouvoir l'homme des moyens naturelz qui luy sont requis pour rendre gloire à sa divine Bonté » (2). Inspiré par cette conception (3), saint François de Sales est en droit de nous exhorter à persévérer dans notre effort par l'espoir d'une assistance céleste. « La douceur de la piété divine » (4), il nous le promet, répondra à la pratique fidèle de notre sainte aspiration en nous donnant « quelque secours, par le moyen duquel nous pourrions passer plus avant ; que si nous secondions ce premier secours, la bonté paternelle de Dieu nous en fourniroit un autre plus grand, et nous conduiroit de bien en mieux, avec toute suavité, jusques au souverain amour auquel nostre inclination naturelle nous pousse : puisque c'est chose certaine qu'a celuy qui est *fidèle en peu de choses* et qui fait ce qui est en son pouvoir, la bénignité divine ne denie jamais son assistance pour l'avancer de plus en plus » (5)

Après cela, toujours pour captiver l'attention de son disciple et la retenir sur cette inclination naturelle, saint François de Sales entre dans des considérations d'un ordre plus élevé : en son Livre Second, il fait

---

(1) *Traitté*, liv. II, ch. 3, — t. IV, p. 97.

(2) *Ibid.*

(3) Cf. *supra*, 2e P., ch. III, où cette question a été démontrée d'ordre philosophique.

(4) *Traitté*, liv. I, ch. 18, — t. IV, p. 84.

(5) *Ibid.*

l'« histoire de la generation et naissance celeste du divin amour » (1) comme s'il voulait nous fasciner par le charme d'une espérance qui répond à nos secrets désirs.

Sans se lasser, en cœur épris heureux de parler de l'objet souverainement aimable et désirable vers lequel il aspire, il nous raconte les bontés de la « providence souveraine » (2) : bonté inépuisable « envers les creatures raysonnables » (3), bonté qui créa les hommes « tous en justice originelle, laquelle n'estoit autre chose qu'un amour tres suave qui les disposoit, contournoit et acheminoit a la felicité éternelle » (4). Il rappelle que « sa misericorde a esté plus salutaire pour racheter la race des hommes, que la misere d'Adam n'avoit esté veneneuse pour la perdre » (5). Il répète que Dieu « ne nous a pas laissé l'inclination naturelle de l'aymer, pour neant ; car affin qu'elle ne soit oyseuse il nous presse de l'employer par ce commandement general, et affin que ce commandement puisse estre prattiqué, il ne laisse homme qui vive auquel il ne fournisse abondamment tous les moyens requis a cet effect » (6).

Nous pouvons donc compter sans crainte sur une assistance généreuse, car « Dieu ne nous donne pas seulement une simple suffisance de moyens pour l'aymer, et en l'aymant nous sauver, mais... une suffisance riche, ample, magnifique, et telle qu'elle doit estre attendue d'une si grande bonté comme la sienne » (7).

2° *Appel à la bonne volonté.* — C'est l'appel à la

---

(1) *Traitté*, liv. II, — t. IV, p. 87.
(2) *Ibid.*, liv. II, ch. 3, — t. IV, p. 94.
(3) *Ibid.*, liv. II, ch. 4, — t. IV, p. 99.
(4) *Ibid.*, t. IV, p. 101.
(5) *Ibid.*, t. IV, p. 104.
(6) *Ibid.*, liv. II, ch. 8, — t. IV, p. 112.
(7) *Ibid.*, t. IV, p. 113.

bonne volonté nécessaire, que sollicitent les touches secrètes de la divinité, d'une manière qui sans doute demeure anonyme aux yeux de la raison, mais n'en perd rien de son efficacité psychologique sur nos âmes. — Aussi ferons-nous comme les oiseaux apodes. « Il y a certains oyseaux Theotime, qu'Aristote nomme apodes, parce qu'ayant les jambes extremement courtes et les pieds sans force, ilz ne s'en servent non plus que s'ilz n'en avoyent point : que si une fois ilz prennent terre, ilz y demeurent pris, sans que jamais d'eux mesmes ilz puissent reprendre le vol, d'autant que n'ayans nul usage des jambes et des pieds, ilz n'ont pas non plus le moyen de se pousser et relancer en l'air ; et partant, ilz demeurent la croupissans et y meurent, sinon que quelque vent propice a leur impuissance, jettant ses bouffees sur la face de la terre, les vienne saisir et enlever, comme il fait plusieurs autres choses ; car alhors, si employans leurs aysles ilz correspondent a cet eslan et premier essor que le vent leur donne, le mesme vent continue aussi son secours envers eux, les poussant de plus en plus au vol » (1).

De même notre action s'appuyant sur le secours d'en haut fera croître sans cesse notre « inclination naturelle d'aymer Dieu ». Les « premiers sentimens d'amour que les attraitz divins font en l'ame, avant qu'elle ayt la foy » (2), réchaufferont notre « vouloir paralytique qui void la piscine salutaire du saint amour mais qui n'a pas la force de s'y jetter » (3). Leur charme nous encouragera et nous attirera, car « le propre lien de la volonté humaine, c'est la volupté et le playsir ». « On monstre des noix a un enfant », dit saint Augustin, « et il est attiré en aymant ; il est

(1) *Traitté*, liv. II, ch. 9, — t. IV, p. 115-116.
(2) *Ibid.*, liv. II, ch. 13, — t. IV, p. 129.
(3) *Ibid.*, liv. I, ch. 17, — t. IV, p. 82.

attiré par le lien, non du cors, mais du cœur » (1). Ainsi le Père céleste nous tire par des « delectations et playsirs spirituelz » (2), qu'il met en nos cœurs.

Cependant de ces sollicitations — naturelles ou surnaturelles, peu importe, — nous ne tirerons parti que par une coopération effective et pratique. « Nous ne pouvons empescher que l'inspiration ne nous pousse et, par consequent, ne nous esbranle ; mais si, a mesure qu'elle nous pousse, nous la repoussons pour ne point nous laisser aller à son mouvement, alhors nous resistons. Ainsy le vent ayant saisi et enlevé nos oyseaux apodes, il ne les portera guere loin s'ilz n'estendent leurs aysles et ne cooperent, se guindans et volans en l'air auquel ilz ont esté lancés. Que si, au contraire, amorcés peut estre de quelque verdure qu'ilz voyent en bas ou engourdis d'avoir croupi en terre, au lieu de seconder le vent ilz tiennent leurs aysles pliees et se jettent derechef en bas, ilz ont voirement receu en effect le mouvement du vent, mais en vain, puisqu'ilz ne s'en sont pas prevalus. Theotime, les inspirations nous previennent, et avant que nous y ayons pensé elles se font sentir, mais apres que nous les avons senties, c'est a nous d'y consentir pour les seconder et suivre leurs attraitz, ou de dissentir et les repousser : elles se font sentir a nous, sans nous, mais elles ne nous font pas consentir sans nous » (3).

Dès lors, si notre volonté tenue en éveil par la considération de nos insuffisances autant que par celle de nos aspirations incoercibles accepte de coopérer à cette action d'en haut, nos progrès seront rapides et définitifs : « Le mesme vent qui releve les apodes

(1) *Traitté*, liv. II, ch. 12, — t. IV, p. 126.
(2) *Ibid.*
(3) *Ibid.*, t. IV, p. 128, 129.

se prend premierement a leurs plumes, comme parties plus legeres et susceptibles de son agitation, par laquelle il donne d'abord du mouvement a leurs aysles, les estendant et despliant en sorte qu'elles luy servent de prise pour saysir l'oyseau et l'emporter en l'air; Que si l'apode ainsy enlevé contribue le mouvement de ses aysles a celuy du vent, le mesme vent qui l'a poussé l'aydera de plus en plus a voler fort aysement. Ainsy, mon cher Theotime, quand l'inspiration, comme un vent sacré, vient pour nous pousser en l'air du saint amour, elle se prend a nostre volonté, et par le sentiment de quelque celeste delectation elle l'esmeut, estendant et despliant l'inclination naturelle qu'elle a au bien, en sorte que cette inclination mesme luy serve de prise pour saisir nostre esprit... » (1)

En ce point d'application, qui tombe sous notre regard intérieur, nous pourrons donc constater un phénomène d'élan, une recrudescence de force (dont la source nous échappe, répétons-le), mais que nous pouvons utiliser pour nous avancer vers notre idéal. « Que si nostre esprit ainsy saintement prevenu, sentant les aysles de son inclination esmeües, despliees, estendues, poussees et agitees par ce vent celeste, contribue tant soit peu son consentement, ah ! quel bonheur, Theotime, car la mesme inspiration et faveur qui nous a saisi, meslant son action avec nostre consentement, animant nos foibles mouvemens de la force du sien, et vivifiant nostre imbecille cooperation par la puissance de son operation, elle nous aydera, conduira et accompaignera d'amour en amour, jusques a l'acte de la tressainte foy, requis pour nostre conversion » (2).

---

(1) *Traitté*, liv. II, ch. 13, — t. IV, p. 129.
(2) *Ibid.*, t. IV, p. 129, 130.

3° *Vue d'ensemble.* — De tous ces mouvements, qu'il s'attache à susciter en notre âme par ses dissertations et de la manière, dont s'éveille et se déploie *notre « inclination naturelle* d'aymer *Dieu sur* toutes choses », saint François de Sales nous offre une sorte de vue synthétique dans l'histoire de Saint Pachome.

« Saint Pachome, lhors encore tout jeune soldat et sans connoissance de Dieu, enroollé sous les enseignes de l'armee que Constance avoit dressee contre le tyran Maxence, vint avec la trouppe de laquelle il estoit, loger au pres d'une petite ville non guere esloignee de Thebes, ou, non seulement luy, mais toute l'armee se treuva en extreme disette de vivres ; ce qu'ayant entendu les habitans de la petite ville, qui par bonne rencontre estoyent fidelles de Jesus Christ, et par consequent amis et secourables au prochain, ilz prouveurent soudain a la necessité des soldatz, mais avec tant de soin, de courtoisie et d'amour, que Pachome en fut tout ravi d'admiration ; et demandant quelle nation estoit celle-là, si bonteuse, amiable et gracieuse, on luy dit que c'estoyent des Chrestiens ; et s'enquerant de rechef quelle loy et maniere de vivre estoit la leur, il apprit qu'ilz croyoient en Jesus Christ, Filz unique de Dieu, et faisoyent bien a toutes sortes de personnes, avec ferme esperance d'en recevoir de Dieu mesme une ample recompense. Helas, Theotime, le pauvre Pachome, quoy que de bon naturel, dormoit pour lhors dans la couche de son infidelité ; et voyla que tout a coup, Dieu se treuve a la porte de son cœur, et par le bon exemple de ces Chrestiens, comme par une douce voix, il l'appelle, l'esveille et luy donne le premier sentiment de la chaleur vitale de son amour ; car a peyne eut-il ouï parler, comme je viens de dire, de l'aymable loy du Sauveur, que tout rempli d'une nouvelle lumiere et consolation intérieure, se retirant à part et ayant quelque tems pensé en soy mesme, il haussa les mains au ciel, et avec un profond soupir il se print a dire : « Seigneur Dieu, qui avés fait le ciel et la terre, si vous daignés jetter vos yeux sur ma bassesse et sur ma peyne et me donner connoissance de vostre Divinité, je vous prometz de vous servir, et d'obeir toute ma vie a vos commandemens ». Depuis cette priere et promesse, l'amour du vray bien et de la pieté prit un tel accroissement en luy, qu'il ne cessoit point de prattiquer mille et mille exercices de vertu » (1).

Ne voyons-nous pas ici l'*inclination naturelle* vers Dieu tirée de son assoupissement par le secours d'un *bon exemple*, puis avivée par la *méditation*, provoquer la réponse d'une âme de bonne volonté ? Mue par son désir de *réaliser* l'inspiration qui la saisit, cette âme adresse un appel à la lumière et la cherche toujours davantage par la pratique de « l'amour du vray bien ».

Saint François de Sales lui-même prend soin de marquer les étapes psychologiques de ce progrès : « Il m'est advis certes que je voy en cet exemple un rossignol qui, se resveillant a la prime aube, commence a se secouer, s'estendre, desployer ses plumes, voleter de branche en branche dans son buisson, et petit a petit gazouiller son delicieux ramage : car n'aves-vous pas pris garde, comme le bon exemple de ces charitables Chrestiens excita et resveilla en sursaut le bienheureux Pachome ? Certes, cet estonnement d'admiration qu'il en eut ne fut autre chose que son resveil, auquel Dieu le toucha, comme le soleil touche la terre, avec un rayon de sa clarté, qui le remplit d'un grand sentiment de playsir spirituel. C'est pourquoy Pachome se secoue des divertissemens, pour

(1) *Traitté*, liv. II, ch. 13, — t. IV, p. 130, 131.

avec plus d'attention et de facilité recueillir et savourer la grace receüe, se retirant a part pour y penser ; puis il estend son cœur et ses mains au ciel, ou l'inspiration l'attire, et commençant a desployer les aysles de ses affections, voletant entre la desfiance de soy mesme et la confiance en Dieu, il entonne d'un air humblement amoureux le cantique de sa conversion, par lequel il tesmoigne d'abord que des-ja il connoist un seul Dieu, Createur du ciel et de la terre ; mais il connoist aussi qu'il ne le connoist pas encor asses pour le bien servir, et partant, il supplie qu'une plus grande connoissance luy soit donnee, affin qu'il puisse par icelle parvenir au parfait service de sa divine Majesté » (1).

(1) *Traitté*, liv. II, ch. 13, — t. IV, p. 131, 132.

CHAPITRE II

CULTURE DE L'INCLINATION

Sommaire. — § I. *Méthode d'éducation* : 1° Sa nécessité. — 2° Ses difficultés : œuvre négative. — 3° Sa possibilité : œuvre positive, — *a)* par la lumière, — *b)* par l'action. — § II. *Fécondité.*

A l'exemple de saint Pachome, avant même qu'il « ayt la foy » (1), le disciple de saint François de Sales aspire à mieux connaître le souverain Bien qui l'attire, afin de s'élever jusqu'à lui et de s'y unir en un acte d'amour volontaire. Mais il lui faut un guide en cette ascension dialectique et pratique. Son maître le sait mieux que personne, lui qui connaît les dangers du faux mysticisme et a écrit son *Traité* pour les faire éviter.

Il entreprendra donc l'éducation de notre « inclination naturelle d'aymer Dieu sur toutes choses ».

§ I. — *Méthode d'éducation.* — 1° *Nécessité.* — Cette éducation est-elle nécessaire ? — Certainement, car « les attraitz divins nous laissent en pleine liberté de les suivre ou de les repousser » (2). En effet, « ...nous ne sommes pas tirés a Dieu par des liens de fer comme les taureaux et les buffles, ains par maniere d'allechemens, d'attraitz delicieux et de saintes inspirations qui sont en somme les liens d'Adam et d'humanité,

(1) *Traitté*, liv. II, ch. 13, — t. IV, p. 129.
(2) *Ibid.*, liv. II, ch. 12, — t. IV, p. 125.

c'est a dire proportionnés et convenables au cœur humain auquel la liberté est naturelle... » (1) Et quelles que soient les divines amorces, les influences secrètes, qui s'insinuent en nous sans que nous puissions les discerner, sans même que nous nous en doutions, la liberté demeure.

« En cette sorte donq, très cher Theotime, nostre franc arbitre n'est nullement forcé ni necessité par la grace, ains nonobstant la vigueur toute puissante de la main misericordieuse de Dieu qui touche, environne et lie l'ame de tant et de tant d'inspirations, de semonces et d'attraitz, cette volonté humaine demeure parfaittement libre, franche et exempte de toute sorte de contrainte et de necessité. La grace est si gracieuse et saisit si gracieusement nos cœurs pour les attirer, qu'elle ne gaste rien en la liberté de nostre volonté » (2). — Or de cette liberté nous pouvons mésuser par ignorance autant que par vice ; voilà pourquoi nous devons travailler à son éducation aussi bien *intellectuelle* que *morale.*

L'élan du cœur en effet ne répond qu'à un rayon de vérité, *ignoti nulla cupido.* Aussi faudra-t-il au préalable débarrasser notre âme des illusions, qui dérivent son mouvement vers les biens passagers ; lui faire entrevoir l'objet, vers lequel au fond elle aspire, et susciter en elle l'estime et la sympathie, qui le lui feront reconnaître. Ensuite seulement on pourra la conduire par des exercices gradués jusqu'au seuil de l'amour divin. A ce prix un effort sagement dirigé sera couronné de succès puisque « l'amour sacré peut estre augmenté de plus en plus en chacun de nous » (3).

---

(1) *Traitté,* liv. II, ch. 12, — t. IV, p. 126.
(2) *Ibid.*, t. IV, p. 126, 127.
(3) *Ibid.*, liv. III, ch. 1, — t. IV, p. 167.

Par quels moyens efficaces saint François de Sales y pourvoit-il ?

2° *Difficultés : œuvre négative.* — Une œuvre de défense s'impose d'abord. Par toutes les considérations, que nous avons décrites au chapitre précédent, saint François de Sales nous a fait apprécier la puissance, la spontanéité, la légitimité de notre irrésistible inclination vers le souverain Bien. Il nous a convaincus du bon droit de cette inclination à dominer sur tous nos autres penchants. Il nous a exposé la nécessité, où elle se trouve, de tenir le sceptre en notre âme sous peine de n'y pouvoir vivre, car l'amour de Dieu bien que « le puisné entre toutes les affections du cœur humain » (1), « s'il n'est le maistre, il cesse d'estre et perit » (2).

Cependant elle est en butte aux assauts des convoitises qui comme « autant de capitaines mutinés » font « leur sedition en l'homme » (3). C'est donc un devoir de la *sauvegarder.* saint François de Sales recourra pour cela aux bons offices de la *logique morale.*

Sa méthode, en effet, s'adresse au cœur en même temps qu'à l'intelligence et vise « la melioration des volontez » (4). C'est pourquoi il nous a avertis que « parmi l'innumérable multitude et variété d'actions, mouvement, sentimens, inclinations, habitudes, passions, facultés et puissances, qui sont en l'homme, Dieu a establi une naturelle monarchie en la volonté, qui commande et domine sur tout ce qui se treuve en ce petit monde » (5). — Mais il nous dit

(1) *Traitté,* liv. I, ch. 6, — t. IV, p. 38.

(2) *Ibid.*

(3) *Ibid.,* liv. I, ch. 3, — t. IV, p. 29.

(4) Cf. *Œuvres de saint François de Sales,* édit. Dom Mackey, t. XIV, p. 412.

(5) *Traitté,* liv. I, ch. 1, — t. IV, p. 25.

aussi, pour l'avoir constaté (1), qu'elle ne conserve son hégémonie qu'à force d'adresse « qui veut chevir de ses facultés, il faut user d'industrie » (2).

L'élan des instincts, en effet, comme celui des penchants, est fatal : on ne l'arrête pas en droit fil. Sur eux la volonté n'a pas un pouvoir despotique mais seulement politique. Or, à elle incombe l'obligation de réfréner les passions qu'ils suscitent. Celles-ci, en effet, « comme le guy vient sur les arbres en maniere d'excrement et de surcroissance, naissent aussi bien souvent parmi l'amour et autour de l'amour,... et, en fin finale, si on ne les retranche, le ruinent tout a fait » (3).

Comment la volonté parviendra-t-elle à les retrancher ?

Puisqu'en ce domaine elle ne peut commander en dominatrice absolue, elle sera contrainte de biaiser avec la nature et d'aborder l'entreprise par voie indirecte. Saint François de Sales le sait. Aussi, lui en enseigne-t-il les moyens pratiques.

Le premier est la *réflexion* ou *méditation* « c'est que la volonté peut rejetter son amour quand elle veut, appliquant l'entendement aux motifz qui l'en peuvent desgouter et prenant resolution de changer d'objet » (4). — Si cela ne suffit pas, elle devra *refuser* aux appetits funestes les satisfactions qui les nourriraient. Ici encore « il faut user d'industrie » (5). « Il ne faut pas, certes, faire les ordonnances d'abstinence, sobriété, continence a l'estomach, au gosier, au ventre ; mais il faut commander aux mains de ne point fournir a la bouche les viandes et breuvages, qu'en telle et telle

(1) Cf. *supra*, 1re P.
(2) *Traitté*, liv. I, ch. 2, — t. IV, p. 27.
(3) *Ibid.*, liv. I, ch. 10, — t. IV, p. 55.
(4) *Ibid.*, liv. I, ch. 4, — t. IV, p. 34.
(5) *Ibid.*, liv. I, ch. 2, — t. IV, p. 27.

mesure. Il faut oster ou donner a la faculté qui produit, les objetz et sujetz et les alimens qui la fortifient, selon que la rayson le requiert » (1). — Enfin pour éviter l'obsession des désirs, qu'allument ces objets, il sera sage d'en détourner le regard, d'organiser en quelque sorte une *conspiration de silence* qui les fera tomber dans l'oubli : « il faut divertir les yeux, ou les couvrir de leur chaperon naturel et les fermer, si on veut qu'ilz ne voyent point ; et avec ces artifices on les reduira au point que la volonté desire » (2).

Cette œuvre de déblai laissera la place libre à l'amour élu : « ainsy, pour faire vivre et regner l'amour de Dieu en nous, nous amortissons l'amour propre, et, si nous ne pouvons l'aneantir du tout, au moins nous l'affoiblissons, en sorte que, s'il vit en nous, il n'y regne plus » (3).

Cependant, la défaite de l'égoïsme ne sera assurée que par l'*accroissement d'un amour plus élevé.* A nous d'y veiller. « Puis donq que l'amour est un acte de nostre volonté, qui le veut avoir non seulement noble et genereux, mais fort, vigoureux et actif, il en faut retenir la vertu et la force dans les limites des operations spirituelles ; car qui voudroit l'appliquer aux operations de la partie sensible et sensitive de nostre ame, il affoibliroit d'autant les operations intellectuelles, esquelles, toutefois, consiste l'amour essentiel » (4).

3° *Possibilité* : *œuvre positive.* — Mais cette *substitution* et ce triomphe n'auront de durée que grâce à une œuvre positive d'éducation.

(1) *Traitté*, liv. I, ch. 2, — t. IV, p. 27.

(2) *Ibid.* — Sur l'usage fécond que saint François de Sales fait de cette méthode de diversion, cf. H. Brémond, *Hist. litt. du sentiment religieux* t. I, *L'humanisme dévot*, p. 114 et 115, Paris 1916.

(3) *Ibid.*, liv. I, ch. 4, — t. IV, p. 34.

(4) *Ibid.*, liv. I, ch. 10, — t. IV, p. 56, 57.

Celle-ci requiert évidemment une part d'effort individuel, qu'on ne peut déterminer et orienter *a priori*. « L'inclination naturelle d'aymer Dieu » surgit en effet dans des milieux merveilleusement ondoyants et divers. Ses premiers épanouissements s'y teintent de nuances personnelles, que l'analyse découvre à travers les *adaptations spontanées* de nos désirs. Il faut en tenir compte. Saint François est bien de cet avis, lui qui eut tant de respect des âmes (1). Il nous dit en effet que certains hommes ont des « ames inclines à la devotion » (2), tandis que d'autres « ont l'ame aigre, aspre, melancholique et revesche » (3).

Pourtant, sous ces contingences multiples « l'inclination naturelle d'aymer Dieu sur toutes choses » demeure unique et la même chez tous. Il est donc légitime de tracer pour tous *les lignes générales* d'une méthode de progrès. Car, si un travail intérieur et une préparation subjective sont nécessaires à ceux qui sont « rudes et amers de cœur » (4), ces choses ne sont pas moins nécessaires aux autres : « Et puis, bien que les âmes enclines a la devotion ayent d'un costé quelque disposition qui les rend plus propres a vouloir aymer Dieu, d'autre part, toutefois, elles sont si sujettes à s'attacher par affection aux creatures aymables, que leur inclination les met autant en peril de se divertir de la pureté de l'amour sacré par le meslange des autres, comme elles ont de facilité a vouloir aymer Dieu : car le danger de mal aymer est attaché a la facilité d'aymer » (5).

Le besoin de direction est donc universel. Par quels

---

(1) Cf. H. Brémond, ouv. cité, t. II, *L'invasion mystique*, p. 550.
(2) *Traitté*, liv. XII, ch. 1, — t. V, p. 320.
(3) *Ibid.*
(4) *Ibid.*
(5) *Ibid.*

moyens y répondre ? comment réaliser et perfectionner en une âme l'*adaptation préalable*, qui, lui faisant éprouver une complaisance plus grande en l'amour de Dieu, la portera vers Lui d'un élan chaque jour plus fort ?

a) Par la lumière. — A cette œuvre prêteront d'abord leur concours toutes les *réflexions et méditations* des premiers livres du *Traité*. Nous avons montré plus haut (1) leur utilité pour fixer notre attention sur notre orientation fondamentale vers le souverain Bien et, par là, nous le faire mieux distinguer, reconnaître et désirer, c'est-à-dire pour éveiller nourrir et accroître notre « inclination naturelle d'aymer Dieu sur toutes choses ».

Elles contribuent en outre à former dans notre âme une *atmosphère favorable* au développement des aspirations ordonnées à l'amour de Dieu, et par contre hostile à l'évolution des tendances dévoyées. Elles nous prédisposent ainsi à délaisser les amours condamnables, qui par manque d'harmonie avec nos états de conscience ne trouveront point accueil en notre monde intérieur, tandis qu'elles y préparent des alliées à l'inclination souveraine, qu'il s'agit d'exalter.

De cette manière, à travers les ombres d'ici-bas, guidée par la demi-clarté des vérités naturelles, « cherchant ça et la, comme a tastons » (2), l'objet réel de sa félicité, l'âme par sa tentative même, si elle est bien dirigée, se rapproche de lui. Elle s'harmonise par avance à son action. Elle se rend dès lors plus capable d'en jouir, parce que sa rencontre provoquera en elle un achèvement, une perfection, un épanouissement intime, d'où naîtra la « complaysance d'amour » (3),

(1) Cf. *supra*, 3e P., ch. I.
(2) *Traitté*, liv. II, ch. 15, — t. IV, p. 138.
(3) *Ibid.*, t. IV, p. 139.

qui suivant le principe de logique morale adopté par saint François de Sales (1), lui permettra de le reconnaître. De là ce cri de joie : « Hé, *je l'ay rencontré, Celuy que mon ame* cherchoit sans le connoistre ; o que ne sçavois-je a quoy tendoyent mes pretentions quand rien de tout ce que je pretendois ne me contentoit, parce que je ne sçavois pas ce que, en effect, je pretendois ! Je pretendois d'aymer et ne connoissois pas ce qu'il falloit aymer ; et partant ma pretention ne treuvant pas son veritable amour, mon amour estoit tous-jours en une veritable mais inconneüe pretention : j'avois bien asses de presentiment d'amour pour me faire prétendre, mays je n'avois pas asses de sentiment de la bonté qu'il falloit aymer, pour exercer l'amour » (2).

b) Par l'action. — Maintenant éclairée par cette pensée patiente, qui a force de persévérante bonne volonté, a fini par acquérir la claire vue de l'objet « qu'il falloit aymer » (3), l'âme sera entraînée à « exercer l'amour » (4). Cet *exercice* en développera méthodiquement la puissance.

Mais en ce point, saint François de Sales, après avoir rappelé que « nous avons une inclination naturelle au souverain bien, en suite de laquelle nostre cœur a un certain intime empressement et une continuelle inquietude, sans pouvoir en sorte quelconque s'accoiser... » (5), marque notre impuissance à lui donner « son solide contentement » (6). Il y a une limite à franchir : elle ne l'est que par une intervention d'en haut, « quand la sainte foy a représenté

(1) *Traitté*, liv, II, ch. 15, — t. IV, p. 139.
(2) *Ibid.*
(3) *Ibid.*
(4) *Ibid.*
(5) *Ibid.*, t. IV, p. 136, 137.
(6) *Ibid.*, t. IV, p. 137.

a nostre esprit ce bel object de son inclination naturelle » (1). Aussi, les exercices d'ascétisme, que saint François de Sales va nous proposer, dépassent le domaine de la philosophie par la valeur surnaturelle qu'ils possèdent. Cependant, les actes requis de cette sorte demeurent *nôtres* : ils ont donc une face humaine, qui est exposée au regard de l'observation psychologique et morale.

Nous pouvons dès lors les considérer, comme chez saint Pachome, en une âme avant qu'elle ait posé « l'acte de foy requis a nostre justification » (2), c'est-à-dire l'acte de foi surnaturelle. Mais nous ajouterons avec saint François de Sales, que ces « mouvemens d'amour » (3), qui accompagnent l'aube de la foi naturelle « ou ilz ne sont pas amour, a proprement parler, ou ilz sont un amour commençant et imparfait ; ce sont les premiers bourgeons verdoyans que l'ame eschauffee du soleil celeste, comme un arbre mystique, commence a jetter au printems, qui sont plustot presages de fruitz que fruitz » (4). Or, même en ce domaine préliminaire, qui est celui où, de fait, saint Pachome s'exerça en ses premières démarches, — lorsqu'il « haussa les mains au ciel » (5) pour demander à Dieu plus de lumière et lorsqu'il « ne cessoit point de prattiquer mille et mille exercices de vertu » (6), — l'observation découvre, toute proportion gardée, la fécondité de la méthode ascétique.

En réalité, si quels que soient son degré, sa dignité, son essence, l'amour divin se pratique *en la foi*, car la foi même naturelle « est la grande amie de nostre

(1) *Traitté*, liv. II, ch. 15, — t. IV, p. 137.
(2) *Ibid.*, liv. II, ch. 13, — t. IV, p. 130.
(3) *Ibid.*
(4) *Ibid.*
(5) *Ibid.*, t. IV, p. 131.
(6) *Ibid.*

esprit » (1), — c'est que la foi « commence par un sentiment amoureux de complaysance que la volonté reçoit de la beauté et suavité de la verité proposee : de sorte que la foy comprend un commencement d'amour que nostre cœur ressent envers les choses divines » (2). Puis, l'amour s'avive *en l'espérance*, née de ce que « le cœur humain tend à Dieu par son inclination naturelle, sans sçavoir bonnement quel il est » (3). L'espérance, en effet, « n'est autre chose que l'amoureuse complaysance que nous avons en l'attente et pretention de nostre souverain bien. Tout y est d'amour, Theotime : soudain que la foy m'a monstré mon souverain bien, je l'ay aymé ; et parce qu'il m'estoit absent, je l'ay desiré ; et d'autant que j'ay sceu qu'il se vouloit donner a moy, je l'ay derechef plus ardemment aymé et desiré... Or par ce progres, l'amour a converti son desir en esperance, pretention et attente, si que l'esperance est un amour attendant et pretendant... » (4).

Enfin, l'amour se purifie *en la pénitence*. Celle-ci, tout aussi bien que la foi et l'espérance naturelles, a été pratiquée par « plusieurs payens » (5) ; et d'elle, quand elle est vertueuse, on peut dire qu'elle « naist dedans l'amour » (6), mais aussi que « l'amour vient en la pœnitence » (7). Telle fut la pénitence d'Alexandre le Grand « lequel ayant tué son cher Clitus cuyda se laisser mourir de faim, tant la force de la pœnitence fut grande, dit Ciceron ; et celle d'Alcibiade, qui, convaincu par Socrates de n'estre pas sage, se print

(1) *Traitté*, liv. II, ch. 14, — t. IV, p. 134.
(2) *Ibid.*, t. IV, p. 136.
(3) *Ibid.*, liv. II, ch. 15, — t. IV, p. 137.
(4) *Ibid.*, liv. II, ch. 16, — t. IV, p. 142.
(5) *Ibid.*, liv. II, ch. 18, — t. IV, p. 147.
(6) *Ibid.*, liv. II, ch. 20, — t. IV, p. 155.
(7) *Ibid.*

à pleurer amerement, triste et affligé de n'estre pas ce qu'il devoit estre, dit saint Augustin. Aussi Aristote, reconnoissant cette sorte de penitence, asseure que l'intemperant, lequel de propos deliberé s'adonne aux voluptés, « est tout a fait incorrigible, parce qu'il ne se sçauroit repentir, et celuy qui est sans repentance est incurable » (1). — Et de l'obligation de pratiquer cette œuvre de repentir et de correction morale les philosophes anciens ont sagement disserté. « Certes, Seneque, Plutarque et les Pytagoriciens, qui recommandent tant l'examen de conscience, et surtout le premier, qui parle si vivement du trouble que le remors interieur excite en l'ame, ont entendu sans doute qu'il y avoit une repentance ; et quant au sage Epictete, il descrit si bien la reprehension que nous devons prattiquer envers nous mesmes, qu'on ne sçauroit presque mieux dire » (2).

Bien plus, la pénitence qu'ils recommandent revêt un caractère religieux « d'autant qu'elle procede de la connoissance naturelle que l'on a d'avoir offencé Dieu en pechant ; car en verité plusieurs philosophes ont sceu qu'on faisoit chose aggreable a la Divinité de vivre vertueusement, et que, par consequent, on l'offençoit en vivant vitieusement. Le bon homme Epictete fait un souhait de mourir en vray chrestien (comme il est fort probable qu'aussi fit il), et, entre autres choses, il dit qu'il seroit content s'il pouvoit en mourant eslever ses mains a Dieu et luy dire : « Je ne vous ay point, quant a ma part, fait de deshonneur »... Vous voyes donq bien, Theotime, que ce Philosophe, lhors encor payen, connoissoit que le peché offençoit Dieu, comme la vertu l'honno-

(1) *Traitté*, liv. II, ch. 18, — t. IV, p. 147.
(2) *Ibid.*

roit, et que par consequent il vouloit qu'on s'en repentist, puisque mesme il ordonnoit que l'on fist l'examen de conscience au soir...

« Or cette sorte de repentance, attachee à la science et dilection de Dieu que la nature peut fournir, estoit une dependance de la religion morale » (1).

Cependant, ici encore, l'âme abandonnée à ses seules ressources est contrainte d'avouer son impuissance en l'exécution : « mays comme la rayson naturelle a donné plus de connoissance que d'amour aux philosophes, qui *ne l'ont pas glorifié* a proportion de la notice qu'ilz en avoyent, aussi la nature a fourni plus de lumiere pour faire entendre combien Dieu estoit offencé par le peché, que de chaleur pour exciter le repentir requis a la reparation de l'offence » (2).

Force est donc à saint François de Sales de recourir une fois de plus aux considérations inspirées par la doctrine chrétienne. Il note alors le progrès que nous réalisons dans le sentiment de pénitence par la méditation de l'injure faite à Dieu, des châtiments réservés au péché ou de la beauté de la vertu ; mais c'est pour nous avertir que cette pénitence est imparfaite, si l'amour n'y est pas « enclos » (3). Il n'y a là encore que des commencements, auxquels il ne faut pas s'arrêter. « L'enfance est bonne, mais si on ne vouloit jamais estre qu'enfant, cela seroit mauvais, car l'*enfant de cent ans* est mesprisé » (4).

La vraie pénitence est « meslange d'amour et de douleur » (5). Inspirée par l'amour, elle s'épanouit en une recrudescence d'amour, d'amour réconcilié

---

(1) *Traitté*, liv. II, ch. 18, — t. IV, p. 148.
(2) *Ibid.*, t. IV, p. 148, 149.
(3) *Ibid.*, liv. II, ch. 19, — t. IV, p. 152.
(4) *Ibid.*
(5) *Ibid.*, liv. II, ch. 20, — t. IV, p. 153.

et reconnaissant. « Et comme nous voyons que le feu convertit le vin en une eau que presque partout on appelle *eau de vie*, laquelle conçoit et nourrit si aysement le feu que pour cela on la nomme aussi, en plusieurs endroitz, *ardente*, de mesme la consideration amoureuse de la Bonté laquelle estant souverainement aymable a esté offencee par le peché, produit l'eau de la sainte penitence ; puis, de cette eau provient reciproquement le feu de l'amour divin, dont on la peut proprement appeler *eau de vie*, et *ardente*... » (1).

Voilà comment la pratique de la pénitence est souverainement utile au déploiement de notre « inclination naturelle d'aymer Dieu sur toutes choses », élan d'amour imparfait vers Lui sans doute ; mais, « l'amour imparfait le desire et le requiert, la poenitence le cherche et le treuve, l'amour parfait le tient et le serre ; ainsy qu'on dit des rubis d'Ethiopie, qui ont naturellement leur feu fort blafastre, mais estans mis dans le vinaigre, il esclatte et jette son brillement fort clair ; car l'amour qui precede le repentir est pour l'ordinaire imparfait, mais estant detrempé dans l'aigreur de la poenitence, il se renforce et devient amour excellent » (2).

C'est que c'est que la « repentance » si elle n'est pas l'amour en lui-même « reçoit neanmoins tousjours le mouvement de l'amour et la qualité unissante d'iceluy, par laquelle elle nous reunit et rejoint a la divine Bonté. Dites-moy de grace : c'est la proprieté de l'aymant de tirer a soy le fer et de se joindre a luy ; mays ne voyons-nous pas que le fer touché de l'aymant, sans avoir ni l'aymant ni sa nature, ains

(1) *Traitté*, liv. II, ch. 20. — t. IV, p. 154.
(2) *Ibid.*, t. IV, p. 155, 156.

seulement sa vertu et qualité attrayante, ne laisse pas de tirer et s'unir un autre fer ? Ainsy la parfaite repentance, touchee du motif de l'amour sans avoir la propre action de l'amour, ne laisse pas d'en avoir la vertu et la qualité, c'est a dire le mouvement d'union pour rejoindre et reunir nos cœurs a la volonté divine » (1).

§ II. *Fécondité.* — Pour marcher vers ce but idéal, le disciple de saint François de Sales, qu'il se range parmi les ames « avancees en la devotion » (2) ou parmi les « gens du monde » et les « hommes de cour » (3) en quête de vérité, ne cessera donc point de faire, — ne fût-ce que d'une manière purement naturelle, — des exercices de foi, d'espérance et de componction. Il pourra, certes, s'adonner de préférence aux uns et aux autres selon ses dispositions et aptitudes, que l'analyse lui a fait connaître : son progrès en sera facilité d'autant. Mais en tout état de cause est requis de lui cet effort personnel et persévérant.

Cela lui est possible, car « entre le premier reveil du peché ou de l'incredulité et la resolution finale que l'on prend de croire parfaitement, il y a souvente fois beaucoup de tems, pendant lequel *on peut prier*, comme fit saint Pachome, ainsy que nous avons veu ; et comme le pere du pauvre lunatique, lequel, au rapport de saint Marc, asseurant qu'il croyoit, c'est a dire qu'il commençoit a croire, conneut quand et quand qu'il ne croyoit pas asses, dont il s'escria : *Hé, Seigneur, je croy*, mays *aydés mon incrédulité* » (4). — Comme Saint Pachome aussi l'*on peut agir* et

(1) *Traitté*, liv. II, ch. 20, — t. IV, p. 156.
(2) *Ibid.*, Préf., — t. IV, p. 20.
(3) *Ibid.*, *Introd, de Dom Mackey*, t. IV, p. XXXV.
(4) *Ibid.*, liv. II, ch. 21, — t. IV, p. 159.

s'élever par la voie de l'ascétisme jusqu'aux abords de l'amour divin.

A ce moment, l'homme sera en droit d'espérer l'aide céleste, qui lui permettra enfin d'exercer la charité, but suprême vers lequel tend son inclination naturelle », puisqu'elle est « d'aymer Dieu sur toutes choses ».

« Voyla donq en fin, mon cher Theotime, comme Dieu, par un progrès plein de suavité ineffable, conduit l'ame qu'il fait sortir hors de l'Egypte du peché, d'amour en amour, comme de logement en logement, jusques a ce qu'il l'ayt fait entrer en la Terre de promission, je veux dire en la tressainte charité ; laquelle pour le dire en un mot, est une amitié et non pas un amour interessé, car par la charité nous aymons Dieu pour l'amour de luy mesme, en consideration de sa bonté tres souverainement aymable. Mais cette amitié est une vraye amitié, car elle est reciproque, Dieu ayant aymé eternellement quicomque l'a aymé, l'ayme ou l'aymera temporellement...

Or cette amitié n'est pas une simple amitié, mais amitié de dilection, par laquelle nous faysons election de Dieu pour l'aymer d'amour particulier » (1).

---

(1) *Traitté*, liv. II, ch. 22, — t. IV, p. 163, 164.

CHAPITRE III

EXERCICE SUPRÊME DE L'INCLINATION

SOMMAIRE. — § I. *L'union avec Dieu* : 1° La part de l'initiative humaine ; — 2° les étapes de notre démarche : *a)* la méditation ; — *b)* la contemplation et la complaisance ; — *c)* la bienveillance et la conformité. — § II. *Ampleur de cette union.*

§ I. *L'union avec Dieu.* — Sur ces sommets se consomme l'union avec Dieu : l'âme entre en possession de ce bien, vers lequel elle s'est sentie orientée dès le premier éveil de ses désirs. Elle y adhère, elle s'y assimile non plus d'un élan spontané et plus ou moins irréfléchi, mais par la force d'une volonté éclairée au cours de ses nombreuses tentatives pour atteindre son but.

Il est vrai « que nous ne sçaurions parvenir a la parfaite union d'amour avec Dieu en cette vie mortelle » (1). Au moins, pouvons-nous perfectionner sans cesse notre conformité à ce divin modèle, notre ressemblance avec Lui « jusques a l'infini, mais exclusivement » ? (2)

1. *La part de l'initiative humaine.* — Saint François de Sales nous guidera avec un soin jaloux dans cette démarche suprême. C'est la partie à la fois ascétique

(1) *Traitté*, liv. III, ch. 6, — t. IV, p. 187.
(2) *Ibid.*, liv. III, ch. 1, — t. IV, p. 169.

et mystique (1) de son œuvre, et nous n'en saurions assez dire l'exactitude autant que la profondeur, l'élévation et la beauté. Il y consacre plus de la moitié de son *Traité*, où il expose avec méthode par quelle série d'actes et de résolutions l'âme progresse graduellement dans la pratique du saint amour.

Sans doute, Dieu nous y aide « par l'influence secrette de sa grace » (2), mais nous ne nous apercevons pas de cette intervention « laquelle il veut nous estre imperceptible » (3). Il en résulte que tout l'effort de notre part nous apparaît comme un effet de l'*initiative humaine* ; et c'est à ce point de vue que saint François de Sales trace la suite des exercices requis de notre bonne volonté pour réaliser l'union d'amour avec l'objet de notre inclination fondamentale.

Il commence par faire appel à notre persévérance, car elle est « en nostre pouvoir, par le moyen de nostre vouloir que nous ne sçaurions nier estre en nostre pouvoir » (4). Or, « il faut avoir un desir continuel d'aymer » (5). — « Mais le desir d'aymer et l'amour dependent de la mesme volonté ; c'est pourquoy, soudain que nous avons formé le vray desir d'aymer, nous commençons d'avoir de l'amour ; et a mesure que ce desir va croissant, l'amour aussi va s'augmentant » (6).

Il faut donc s'attacher à exalter ce désir.

---

(1) Cf. H. Bremond, *Hist. litt. du sentiment religieux*, t. II, *L'invasion mystique*, p. 581 : « Où s'arrête la partie proprement ascétique, où commence le mysticisme proprement dit, avec lui, on ne sait jamais. Ces éléments, ailleurs si tranchés, semblent être confondus et se confondent en effet chez saint François de Sales... », comme il arrive en fait dans la synthèse mouvante de l'âme humaine, dont saint François de Sales observe et guide les démarches.

(2) *Traitté*, liv. VII, ch. 2, — t. V, p. 11.

(3) *Ibid.*

(4) *Ibid.*, liv. III, ch. 4, — t. IV, p. 132.

(5) *Ibid.*, liv. XII, ch. 2, — t. V, p. 321.

(6) *Ibid.*, t. V, p. 321, 322.

2. *Les étapes de notre démarche : a) la méditation.* — « Les exercices du saint amour en l'orayson » (1) y pourvoiront d'abord. L'oraison dont il s'agit ici est « une montee ou eslevement de l'esprit en Dieu » (2) et la méditation, qui en constitue le premier degré, « n'est autre chose qu'une pensee attentive, reiteree ou entretenue volontairement en l'esprit, affin d'exciter la volonté a des saintes et salutaires affections et resolutions » (3). En fixant le regard de notre âme sur les beautés divines elle pare des plus séduisantes couleurs les représentations idéales, que nous nous en forgeons : c'est là un phénomène bien connu de cristallisation psychologique. Nous sommes dès lors sous le charme des attraits, qu'elles nous inspirent : l'imagination nourrit notre amour.

Celui-ci, à son tour, conquiert peu à peu toute notre vie intérieure. En effet, grâce à l'attention « un sentiment de dilection, comme par exemple : Que Dieu est bon ! estant entré dans le cœur, d'abord il fait l'union avec cette bonté ; mais *estant entretenu un peu longuement*, comme un parfum pretieux il penetre de tous costés l'ame, il se respand et dilate dans nostre volonté, et, par maniere de dire, il s'incorpore avec nostre esprit,... ce sentiment, dis je, demeurant un peu longuement dedans un cœur amoureux, il se dilate, il s'estend et s'enfonce par une intime penetration en l'esprit et de plus en plus le detrempe tout de sa saveur, qui n'est autre chose qu'accroistre l'union ; comme fait l'onguent pretieux ou le baume, qui, tumbant sur le coton, se mesle et s'unit tellement de plus en plus, petit a petit, avec iceluy, qu'en fin on ne sçauroit plus dire si le coton est parfumé ou

(1) *Traitté*, liv. VI, — t. IV, p. 301.
(2) *Ibid*, liv. VI, ch. 1, — t. IV, p. 303.
(3) *Ibid.*, liv. VI, ch. 2, — t. IV, p. 307.

s'il est parfum, ni si le parfum est coton ou le coton parfum » (1).

Lors donc que le sentiment de dilection, qui imprègne de son parfum le plus intime de notre être, est né de la considération des excellences divines, il nous *unit* cordialement à la céleste Bonté « car, comme dit le grand apostre de France, « l'amour est une vertu unitive » c'est a dire qui nous porte a la parfaite union du souverain bien » (2).

Mieux encore, en vertu de la même loi d'expansion et de conquête psychologique, l'exercice de la méditation, par le simple effet de sa courageuse persévérance, accroîtra d'une manière insensible, mais continue, cette union désirée « comme nous voyons qu'une grande et pesante masse de plomb, d'airain ou de pierre, quoy qu'on ne la pousse point, se serre, enfonce et presse tellement contre la terre sur laquelle elle est posee, qu'en fin avec le tems on la treuve toute enterree, a cause de l'inclination de son poids qui par sa pesanteur la fait tous-jours tendre au centre, ainsy nostre cœur estant une fois joint a son Dieu, s'il demeure en cette union et que rien ne l'en divertisse, il va s'enfonçant continuellement, par un insensible progres d'union, jusques a ce qu'il soit tout en Dieu, a cause de l'inclination sacree que le saint amour luy donne, de s unir tous-jours davantage a la souveraine bonté » (3).

b) *La contemplation et la complaisance.* — Par la méditation, l'esprit éclairant et embellissant son objet échauffe le cœur et détermine la volonté ; mais ce n'est là qu'une première étape. En effet, « la volonté, certes, ne s'apperçoit pas du bien que par l'entremise

---

(1) *Traitté*, liv. VII, ch. 1, — t. V, p. 10.
(2) *Ibid.*, t. V, p. 8.
(3) *Ibid.*

de l'entendement, mais l'ayant une fois apperceu elle n'a plus besoin de l'entendement pour prattiquer l'amour, car la force du playsir qu'elle sent ou pretend sentir de l'union a son object, l'attire puissamment a l'amour et au desir de la jouissance d'iceluy » (1).

La méditation donne donc naissance à l'amour, mais bien vite elle fait place à la *contemplation.* « Voyés la *reyne de Saba,* Theotime, comme *considerant* par le menu *la sagesse de Salomon* en ses responces, en la beauté de sa *mayson,* en la magnificence *de sa table, es logis de ses serviteurs, en l'ordre* que tous ceux de sa cour tenoyent pour l'exercice de leur charge, *en leurs vestemens* et maintiens, en la multitude des *holocaustes qu'ilz offroyent en la mayson du Seigneur,* elle demeura toute esprise d'un ardent amour qui convertit sa meditation en contemplation, par laquelle estant toute *ravie* hors *de soy mesme,* elle dit plusieurs paroles d'extreme contentement. La veüe de tant de merveilles engendra dans son cœur un extreme amour, et cet amour produisit un nouveau desir de voir tous-jours plus et jouir de la presence de celuy auquel elle les avait veües » (2).

Alors l'âme est ravie par « le doux savourement provenant de la complaysance amoureuse que l'esprit reçoit lhors qu'il medite les perfections de la Bonté divine » (3). — Et « quand nous accroissons et renforçons cette premiere complaysance par le moyen de l'exercice de l'amour,... alhors nous attirons dedans nostre cœur les perfections divines, et jouissons de la divine bonté par la res-jouissance que nous y prenons, prattiquans cette premiere partie du contentement

(1) *Traitté,* liv. VI, ch. 4, — t. IV, p. 315, 316.
(2) *Ibid.,* liv. VI, ch. 3, — t. IV, p. 312, 313.
(3) *Ibid.,* liv. V, ch. 2, — t. IV, p. 262.

amoureux que l'Espouse sacree exprime disant « *Mon Bien-aymé est a moi* » (1).

c) *La bienveillance et la conformité.* — Cet amour de « complaysance », doublé par un « amour de bienveuillance » (2) nous conduira enfin à « l'amour de *conformité* » (3), car « nul ne nous plaist a qui nous ne desirions de plaire... Et de là vient la conformité des amans, qui nous fait estre telz que ce que nous aymons » (4). Cette transformation s'opère insensiblement. « Ainsy, a force de se plaire en Dieu, on devient conforme a Dieu, et nostre volonté se transforme en celle de la divine Majesté par la complaysance qu'elle y prend. L'amour, dit saint Chrysostome, ou il treuve ou il fait la ressemblance ; l'exemple de ceux que nous aymons a un doux et imperceptible empire et une authorité insensible sur nous, il est force ou de les quitter, ou de les imiter. Celuy qui, attiré par la suavité des parfums, entre dans la boutique d'un parfumier, en recevant le playsir qu'il prend a sentir ces odeurs il se parfume soy mesme, et au sortir de la il donne part aux autres du playsir qu'il a receu, respandant entr'eux la senteur des parfums qu'il a contractee : avec le playsir que nostre cœur prend en la chose aymee il tire a soy les qualités d'icelle » (5). — Disons mieux : « En somme, le playsir que l'on a en la chose est un certain fourrier qui fourre dans le cœur amant les qualités de la chose qui plaist ; et pour cela la sacree complaysance nous transforme en Dieu que nous aymons, et a mesure qu'elle est grande la transformation est plus parfaite » (6).

---

(1) *Traitté*, liv. V, ch. 3, — t. IV, p. 263, 264.
(2) *Ibid.*, liv. V, ch. 6, — t. IV, p. 275.
(3) *Ibid.*, liv. VIII, ch. 1, — t. V, p. 59.
(4) *Ibid.*, — t. V, p. 59, 60.
(5) *Ibid.*, — t. V, p. 60.
(6) *Ibid.*, — t. V, p. 61.

Saint François de Sales ne se lasse pas de revenir sur ce merveilleux phénomène d'*influence* réciproque par *assimilation.*

« Chose estrange, mais veritable : s'il y a deux luths unisones, c'est a dire de mesme son et accord, l'un pres de l'autre, et que l'on joüe de l'un d'iceux, l'autre, quoy qu'on ne le touche point, ne laissera pas de resonner, comme celuy duquel on joüe ; la convenance de l'un a l'autre, comme par un amour naturel, faisant cette correspondance » (1). Et la contagion de cette sympathie foncière due à l'*adaptation* préalable est irrésistible. « L'amour est un magistrat qui exerce sa puissance sans bruit, sans prevostz ni sergens, par cette mutuelle complaysance par laquelle, comme nous nous plaisons en Dieu, nous desirons aussi reciproquement de luy plaire » (2). — C'est pourquoi « l'amour est l'abbregé de toute la theologie » (3), qui répond de la sorte au vœu de notre « inclination naturelle d'aymer Dieu sur toutes choses », car « quicomque se plaist veritablement en Dieu desire de plaire fidelement a Dieu, et, pour luy plaire, de se conformer a luy » (4).

Cette *conformité* marque la manière suprême, quoique toujours imparfaite, dont l'âme arrive à *s'unir à l'idéal,* qu'elle a choisi dès ses premières démarches et qu'elle a poursuivi à travers tous les exercices de la méthode salésienne. Elle est selon la formule de Platon « une ressemblance avec Dieu autant qu'il est possible ». — Or cette possibilité se mesure à notre capacité personnelle : « La complaysance attire donq en nous les traitz des perfections divines selon que

(1) *Traitté,* liv. VIII, ch. 1. — t. V, p. 61.
(2) *Ibid.,* t. V, p. 61, 62.
(3) *Ibid.,* t. V, p. 62.
(4) *Ibid.*

nous sommes capables de les recevoir ; comme le mirouër reçoit la ressemblance du soleil, non selon l'excellence et grandeur de ce grand et admirable luminaire, mays selon la capacité et mesure de sa glace ; si que nous sommes ainsy rendus conformes a Dieu » (1).

Enfin, cette conformité s'affirme encore par l'amour de bienveillance « qui jette nos cœurs en Dieu, et par consequent toutes nos actions et affections » (2), parce qu'elle « desire a Dieu tout l'honneur, toute la gloire et toute la reconnoissance qu'il est possible de luy rendre » (3). C'est la nuance désintéressée de notre amour, qui entend se renoncer à lui-même pour se dévouer à la splendeur de l'objet aimé.

Saint François de Sales nous en décrit la mouvement : « Or ce desir se prattique, selon la complaysance que nous avons en Dieu, en la façon qui s'ensuit. Nous avons eu une extreme complaysance a voir que Dieu est souverainement bon ; et partant nous desirons, par l'amour de bienveuillance, que tous les amours qu'il nous est possible d'imaginer soyent employés a bien aymer cette bonté. Nous nous sommes pleus en la souveraine excellence de la perfection de Dieu ; en suite de cela nous desirons qu'il soit souverainement loué, honnoré et adoré. Nous nous sommes delectés a considerer comme Dieu est non seulement le premier principe, mais aussi la derniere fin, Autheur, Conservateur et Seigneur de toutes choses ; a rayson dequoy nous souhaitons que tout luy soit sousmis par une souveraine obeissance. Nous voyons la volonté de Dieu souverainement parfaitte, droitte, juste et equitable ; et a cette consideration nous desirons qu'elle

(1) *Traitté*, liv. VIII, ch. 2, — t. V, p. 62.
(2) *Ibid.*, t. V, p. 63.
(3) *Ibid.*

soit la regle et la loy souveraine de toutes choses, et qu'elle soit suivie, servie et obeie par toutes les autres volontés » (1).

§ II. — *Ampleur de l'union avec Dieu.* — Ainsi notre âme s'unit à Dieu par toutes ses puissances : elle lui donne son *entendement* par la méditation, son *cœur* par la contemplation et la complaisance, sa *volonté* par la bienveillance et la soumission. Telle est la part de l'initiative humaine. Provoquée par « l'inclination naturelle d'aymer Dieu sut toutes choses », elle oriente vers Lui toutes nos énergies au moyen d'une adaptation et d'une assimilation courageusement recherchées, jusqu'à ce qu'elle jette « toutes nos affections entre les mains de la divine volonté, affin qu'elles soyent par icelle pliees et maniees a son gré, moulees et formees selon son bon playsir » (2). — C'est en effet de cette condescendance divine qu'en définitive l'âme attend la réalisation de son aspiration primordiale.

Elle a cultivé ce bel arbre « duquel la racine est la convenance de la volonté au bien » (3) ; elle a surveillé, protégé et assuré la croissance de sa tige et de ses branches, puisque la « tige c'est le mouvement ; les recherches, poursuites et autres effortz en sont les branches » (4). Maintenant, avec l'aide d'un secours d'en haut comme d'ordinaire, elle est à même d'en cueillir le fruit qui est « l'union et jouissance » (5).

(1) *Traitté*, liv. VIII, ch. 2, — t. V, p. 63.
(2) *Ibid.*, t. V, p. 64.
(3) *Ibid.*, liv. I, ch. 7, — t. IV, p. 41.
(4) *Ibid.*
(5) *Ibid.*

CONCLUSION

C'est à une union sublime avec Dieu, que saint François de Sales entreprend donc d'élever l'âme, qui se livre à son influence et direction. Il connaît le chemin de ces hauteurs divines, pour avoir tant et si bien pratiqué l'amour de Dieu. Selon la très juste comparaison de Dom Mackey, que nous avons signalée en commençant, il est semblable à un « géant, qui ayant gravi d'un bond les sommets les plus élevés redescend vers le voyageur attardé au milieu de la plaine et l'entraîne dans la rapidité de sa course » (1). Mettant à notre service son expérience, il nous prend comme par la main ; et dans notre voyage vers Dieu il fait participer notre âme au mouvement de son âme. Il nous emporte en cette action unique et commune au maître et au disciple, qui caractérise toute influence efficace de l'un sur l'autre (2).

Avec la puissance d'un exemple vivant, il nous enseigne l'exercice d'une méthode d'action, qui met en valeur notre « inclination naturelle d'aymer Dieu sur toutes choses ». Son œuvre d'apologétique conquérante, en effet, n'entend point introduire en nous du dehors les vertus naturelles toutes faites, mais en provoquer l'éclosion par la culture de germes déposés en notre nature. Car la « rayson naturelle est un bon

---

(1) *Traitté, Introduction*, édit. Dom Mackey, t. IV, p. VIII.

(2) Nous avons expliqué cela dans notre ouvrage *De l'influence*, liv. II

arbre, que Dieu a planté en nous, les fruitz qui en proviennent ne peuvent estre que bons : fruitz qui en comparayson de ceux qui procedent de la grace sont a la verité de tres petit prix, mais non pas pourtant de nul prix, puisque Dieu les a prisés et pour iceux a donné des recompenses temporelles » (1).

La raison peut davantage encore pour nous conduire à Dieu et nous inspirer de l'aimer en nous le faisant connaître. « Or, il est vray, pourtant que, comme la claire veüe de la Divinité produit infailliblement la nécessité de l'aymer plus que nous mesmes, aussi l'entreveüe, c'est a dire la connoissance naturelle de la Divinité, produit infailliblement l'inclination et tendance a l'aymer plus que nous mesmes » (2). — En cela nous découvrons une preuve que nous sommes destinés à nous joindre à Elle. En effet, « si, par imagination de chose impossible, il y avoit une infinie bonté a laquelle nous n'eussions nulle sorte d'appartenance et avec laquelle nous ne peussions avoir aucune union ni communication, nous l'estimerions certes plus que nous mesmes ; car nous connoistrions qu'estant infinie, elle seroit plus estimable et aymable que nous, et par consequent nous pourrions faire de simples souhaitz de la pouvoir aymer : mais, a proprement parler, nous ne l'aymerions pas, puisque l'amour regarde l'union» (3). Par où « Theotime, mon cher ami, nous voyons bien que nous ne pouvons pas estre vrays hommes sans avoir inclination d'aymer Dieu plus que nous mesmes » (4).

De fait, à cette précieuse inclination songe toujours saint François de Sales, lorsqu'il s'excuse de « prendre

---

(1) *Traitté*, liv. XI, ch. 1, — t. V, p. 237.
(2) *Ibid.*, liv. X, ch. 10, — t. V, p. 202.
(3) *Ibid.*, t. V, p. 203.
(4) *Ibid.*

ainsy les discours jusques dans leurs racines » (1). Elle vit en notre nature comme en un terrain fertile et sa floraison produira le divin amour, qui « est une plante pareille a celle que nous appellons angelique, de laquelle la racine n'est pas moins odorante et salutaire que le tige et les feuilles » (2). — Il en aperçoit l'existence à travers les *assimilations spontanées* de notre âme et les orientations actuelles de nos désirs ; il en note le progrès dans les démarches de notre cœur au milieu des biens d'ici-bas, auxquels nous attachent un instant des *adaptations heureuses* ; enfin sous son irrésistible force d'expansion il reconnaît les exigences d'une *aptitude essentielle* a tous les « vrays hommes » (3).

Cette enquête méthodiquement conduite lui fait découvrir en cette inclination fondamentale le principe de notre activité intérieure : *sa source, son mouvement, son terme possible,* et la considération de ces faits pose au passage des problèmes, que nous avons examinés.

Mais le résultat le plus appréciable de son analyse est d'éclairer la *synthèse pratique*, qui est le but de son ouvrage. Il ne lui suffit pas en effet d'avoir fait l'inventaire de nos ressources intimes, il veut en tirer parti au moyen d'une féconde discipline morale. Pour cela, même lorsqu'il plane dans des sphères plus hautes et décrit sous l'aspect humain, qu'elles revêtent en leur point d'application, les mystérieuses opérations de l'assistance divine, il ne perd pas de vue notre « inclination naturelle d'aymer Dieu sur toutes choses ». Le souci qu'il prend de nous le rappeler jusque dans les derniers livres de son *Traité* nous le prouve.

---

(1) *Traitté*, Préf., t. IV, p. 9.
(2) *Ibid.*,
(3) *Ibid.*, liv. X, ch. 10, — t. V, p. 203.

Il semble qu'à son avis, c'est sur elle qu'ont la prise la plus efficace et les actes de l'initiative humaine et les touches imperceptibles de la grâce. Aussi consacre-t-il le principal de son effort à la cultiver : c'est pour la tenir *en éveil*, en faire *l'éducation*, la mettre en *possession de l'idéal*, auquel elle est fondamentalement ordonnée, qu'il marque les étapes psychologiques, que l'âme doit franchir en son œuvre de correspondance à l'inspiration céleste.

Elle apparaît donc comme le *centre* de sa préoccupation apologétique : voilà pourquoi nous en avons fait le centre de notre étude.

Sa méthode de conquête des âmes par l'amour et l'action, — éclairée au préalable par une méthode d'investigation aux lignes précises, — présente un intérêt universel et toujours vivant, puisqu'elle peut s'appliquer à l'examen et à l'éducation de toute inclination foncière quelle qu'elle soit. Cependant elle a une efficace particulière pour faire fleurir toutes les vertus, qui vivent de l'amour, comme les greffes entées sur l'arbre de Tivoli (1), vivaient de son « humeur radicale » (2).

Enfin elle guide l'homme dans sa marche de retour vers son premier principe : créé « a l'image et semblance de Dieu », l'homme fermera le cycle de son action en se rapprochant de son divin modèle par une ascension morale qui marquera le progrès de sa ressemblance avec lui. Né d'un acte d'amour, — en son effort pour perfectionner l'union à laquelle il aspire spontanément il rendra à son Auteur l'hommage qu'il attend de sa

---

(1) *Traitté*, liv. XI, ch. 5, — t. V, p. 249 : « J'ay veu a Tivoli, dit Pline, un arbre enté de toutes les facons qu'on peut enter, qui portoit toutes sortes de fruitz : car en une branche on treuvait des cerises, en une autre des noix, et ès autres des raysins, des figues, des grenades, des pommes »... Ainsi, « la divine dilection sur laquelle toutes les vertus sont entées.

(2) *Ibid.*

libre volonté au nom de l'univers, dont il est la perfection. « L'homme est la perfection de l'univers, l'esprit est la perfection de l'homme, l'amour celle de l'esprit et la charité celle de l'amour ; c'est pourquoy l'amour de Dieu est la fin, la perfection et l'excellence de l'univers » (1).

(1) *Traité*, liv. X, ch. 1, — t. V, p. 165.

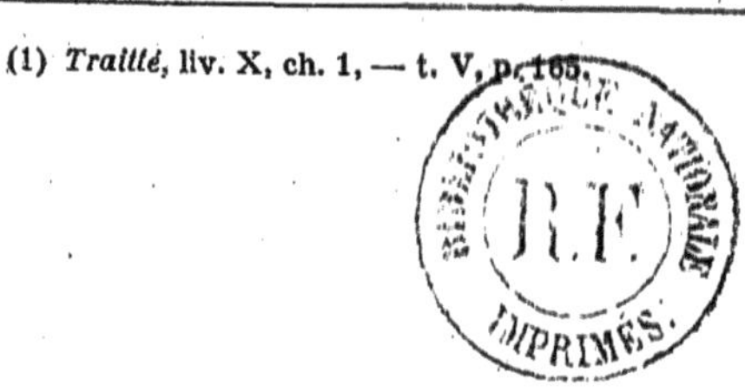

TABLE DES MATIÈRES

PRÉFACE

INTRODUCTION

FORMATION DE LA MÉTHODE DE SAINT FRANÇOIS DE SALES

PREMIÈRE PARTIE

L'ENQUÊTE

CHAPITRE PREMIER. — L'ORIENTATION NÉCESSAIRE

DEUXIÈME PARTIE

LES PROBLÈMES

TROISIÈME PARTIE

LA SYNTHÈSE PRATIQUE

CHAPITRE PREMIER. — Eveil de l'inclination

CHAPITRE II. — Culture de l'inclination

CHAPITRE III. — Exercice suprême de l'inclination

Imp. H. Morel, 77, rue Nationale, Lille.

www.ingramcontent.com/pod-product-compliance
Ingram Content Group UK Ltd.
Pitfield, Milton Keynes, MK11 3LW, UK
UKHW021155260726
13994UKWH00001B/471

9 782329 177571